ちくま新書

日本文化の論点

宇野常寛
Uno Tsunehiro

1001

日本文化の論点【目次】

序章 〈夜の世界〉から〈昼の世界〉へ

†〈夜の世界〉から考える

この本は文字通り現代日本文化の論点について論じたものです。なぜ「現代」日本文化を「いま」論じるのか。もしかしたら不思議に思う人がいるかもしれません。

現代日本を表現する言葉として「失われた二〇年*」という言葉があります。日本は第二次世界大戦後の焼け野原から再出発して、奇跡のような復興と高度成長を成し遂げました。七〇年代には「ジャパン・アズ・ナンバーワン」と呼ばれ、世界中が「日本」的なものに注目するようになりました。

しかし、こうした戦後的社会システムは国内的にはバブル崩壊により、世界的には冷戦構造の終結により、ほぼ機能しなくなっています。そして、それから二〇年、そのオルタナティブとなるあたらしいシステム、グローバル化に適応したポスト戦後的社会システムの構築はいまだその青写真すら示されていません。それが日本の「失われた二〇年」です。経済的には製造業などの高度成長を支えた産業は停滞し、日本企業の国際的な存在感はどんどん低下しています。政治的には自民党と民主党という、ともにあまりにも呉越同舟でまったくまとまりのない二大政党が、最大公約数的なほとんど差異のない政策を競うという信じられないような停滞を見せています。その結果、何十年も前につくられた戦後的な制度がいまだに生き残っていて、社会のあちこちでひずみを生んでいます。

たとえば「標準家庭」という概念がありますね。これは日本社会の「標準的な」家庭像として政府が設定しているものですが、いまだに正規雇用のお父さんと、専業主婦のお母さんに子どもが二人、といった戦後的核家族のままになっている。これがどれだけ時代遅れの発想か、今四〇歳以下の人ならすぐにわかると思います。けれど、この社会はいまだに保育園の数から電化製品のスペックまで、この「標準家庭」を基準に定められている。

単純に考えたら、こんな国にいいところなんかひとつもない。こんな基準で動いている社会がまともに機能するはずがありません。しかし、これが今の日本の現状です。

しかし、僕はそう考えていません。「現代」の「日本文化」には実のところこれからの世の中を考える手がかりや、人間という存在についての鋭い洞察とそれを書き換えていく豊かな想像力が豊かに渦巻いていると考えています。なぜならば、今僕が否定した「日本」はその全貌の「半分」でしかないからです。僕の親しい友人である社会学者（濱野智史）*は、現代日本社会は〈昼の世界〉と〈夜の世界〉に二分されている、と指摘しています。

奇跡の復興をとげ、世界にほこる「ものづくり」の技術と高い民度を誇る戦後日本――そしてそれゆえに二一世紀の現在においては決定的な制度疲労を起こし、ゆるやかに壊死《えし》しつつある「高齢国家」日本という姿は、この国の、この社会の「表の顔」いわば〈昼の世界〉の姿にすぎません。

しかし「失われた二〇年」と呼ばれるこの世紀の変わり目に、戦後的なものの呪縛から解き放たれたもうひとつの日本、もうひとつの世界が生まれ、育ってきています。

それはサブカルチャーやインターネットといった、この国に生まれたあたらしい領域の世界です。この陽の当たらない〈夜の世界〉こそ「失われた二〇年」の裏側でもっとも多様で、そして革新的なイノベーションとクリエイティビティを生み出してきた領域だと言えます。

†「日本的想像力」と「情報社会」

この〈夜の世界〉の生み出すあたらしい原理とは何か。キーワードは「日本的想像力」と「情報社会」です。

ソーシャルメディア、[*] 動画共有サイト、[*] 匿名掲示板、[*] アニメ、アイドル、コンピュータゲーム……。これらの文化はこの二〇年で日本独自の、いわゆるガラパゴス[*]的な発展を遂げています。そしてそれゆえに世界的に非常にユニークな位置を占め、高い評価を受けているものが数多くあります。こうしたガラパゴス性は普遍性を損なうものとして批判されがちです。しかし僕は、今は「ガラパゴス」的だと言われるこうした現代の日本的想像力こそが、結果的には二一世紀のスタンダードな「原理」に成り得ると考えています。

なぜならば、単純に考えてこれから先の世界は、「日本のような」国が増えていくからです。キリスト教的な文化基盤もなければ、西欧的な市民社会の伝統もない。それにもかかわらず、民主主義を行使し、消費社会を謳歌する（まるで日本のような）社会がアジアを中心に一気に拡大する――それが二一世紀前半の人類社会です。日本の現在は、そして未来は、世界の総人口の半数が直面する未来かもしれない、と考えることができます。だからこそ、現代日本の、少なくともこの文脈ではまだ誰も注目していない〈夜の世界〉の文化について考えることが重要なのだと、僕は考えています。

そしてこの二〇年、人類の社会に起こったもうひとつの変化が情報化の進行です。インターネットが代表する情報技術の進歩によって、僕たちはおそらくグーテンベルク[*]による活版印刷の発明以上の変化に直面しています。誰もが情報の発信者になることができる世界の到来——これは一部の専門家を除けばつい二〇年ほど前まで、ほとんどの人が想像すらしていなかったことです。

この変化は今、僕たちの社会を大きく変えようとしています。ツイッター*（Twitter）やフェイスブック*（facebook）といったソーシャルメディアによる動員が大きく貢献したと言われる「アラブの春*」の諸革命や、アメリカ史上初の黒人大統領に当選したオバマ氏がインターネットによる草の根の支援活動によって大きく票を伸ばしたと言われる二〇〇八年のアメリカ大統領選挙*など、近年の諸外国で発生している政治の地殻変動の背景にインターネットの存在があると度々指摘されています。

現代の民主主義は、メディアによる世論形成と国民の動員に大きく依存しています。それはすなわち、「メディアが変われば政治が変わる」ことを意味しています。哲学者の國分功一郎*は政治とは「個」と「公」、「一」と「多」を結ぶことにその本質がある、と指摘します。

人間の想像力には限界があります。普通の状態では、目の前の妊婦を助けるために救急車を呼ぶことにためらいはなくても、海の向こうの遠い国で災害が起きている、と聞いたときに同じように心が動かされることはまずありません。しかし社会をある程度の規模で運営しなければ、公共のサービスやインフラを前提とした現代の消費生活は成り立ちません。僕たちは何らかの手段で想像力を増幅させて、会ったこともなければ名前も知らない人たちと一緒に社会を運営し、そのための意思決定を行わなければなりません。これが「政治」です。

かつては、宗教がこの想像力の増幅器として機能して、「個」と「公」、「一」と「多」を結びつけていました（祭政一致）。しかし時代が下り、人々が精神の自由を求めるようになると宗教という装置は機能しなくなった。その代わりに台頭したのが物語（イデオロギー）です。民族や国家の歴史を、個人の人生を意味づける「物語」として機能させることで国民統合を計る、という社会的回路がやがてヨーロッパを中心に標準になります（国民国家）。「自分は〜民族である／〜国民である／〜党員である」という物語で、個人の人生の価値を保証することで、「個」と「公」、「一」と「多」を結ぶわけです。

このとき大きな役割を果たしたのが新聞やラジオといったマスメディアの存在です。とくに、すべての国民が同時に同じ番組に耳を傾けることのできるラジオの登場は決定的でした。二〇世紀前半はこのラジオの威力を用いて、国民の熱狂的な支持を集めることで急進的な独裁政権がいくつか生まれています。ナチス・ドイツやイタリアのファシズム政権がその代表です。言ってみれば二〇世紀前半はマスメディアの進化が災いして、それが政治利用されファシズムが台頭し、世界大戦が二度も起こって危うく人類が滅びかけた時代です。

†マスからソーシャルへの地殻変動

その反省から、二〇世紀後半の西側諸国（東側は社会主義というかたちで事実上ファシズム、全体主義が温存された）では、マスメディアがいかに政治から距離を取るか、政治からの独立性を保つか、が大きな課題になりました。

しかしその結果、今度はマスメディアの力が大きくなりすぎて国によっては民主主義が立ち行かなくなっています。たとえば、今の日本がそうです。「政治漂流」や「ポピュリズム」といった問題はマスメディアによる世論形成が、社会の多様化などの理由でうまくいかなくなったことに起因しています。

たとえば、僕は以前何度かＮＨＫの『日曜討論』という番組に出たことがあります。これはその名の通り、毎週日曜日の朝にもう何十年も放送され続けている日本を代表する政治討論番組です。この番組で論客たちが座っているテーブルの中央には、画面からは見えませんが白いランプのようなものが設置されています。このランプは誰かが発言をはじめると点灯し、五〇秒を過ぎると点滅をします。そしてこの点滅がはじまると司会者は話をまとめるように論客にサインを出します。

これはどういうことかというと、五〇秒以上ひとりの人間が話していると視聴者は「飽きて」しまうとNHKは判断しているからです。そのため、この「五〇秒」のルールが設けられているそうです。テレビというマスメディアの性質上、最大公約数的にある程度簡易な内容を放送せざるを得ないという側面があることは間違いない。しかしわずか「五〇秒」の発言制限で論じることのできる内容はほとんどありません。これで「キャッチフレーズ政治」に陥らないわけがない。仮にも休日の朝から政治番組を見るようなインテリ層を対象にした番組の視聴者を、「五〇秒以上の発言に耐えられない」と公共放送が判断している……。この現実に、僕は背筋が寒くなったことを覚えています。端的に述べて、現代の複雑化し高度化した政治を、マスメディアのような最大公約数を対象とした装置による世論形成で支えるのは無理だ、そう痛感した一瞬でした。

では、どうするか——もちろん、答えは明白です。マスメディア「ではない」装置によって「個」と「公」、「一」と「多」を結ぶ以外にありません。ソーシャルメディアこそが社会を、政治を変えると僕が考えているのにはこうした背景があります。

†ネットはコミュニケーションを可視化する

今、僕は例として情報化における民主主義の変化の可能性を取り上げました。そしてここには、単にあたらしい政治改革のヒントがあるということ以上の可能性があると考えています。なぜならば、人間が、家族でも友人でもない見ず知らずの人間とかかわる、つながるということは社会の根本を支える行為だからです。そしてそのつながり方が変化することは、僕たちにとっての「世の中」のあり方そのものが変わっていくことを意味します。たとえばインターネットの普及以降、誰もが情報の発信者になった。この変化は一見シンプルですが、実は僕たちと情報、「文字」や「数字」との関係を根本から書き換えています。僕たちは、おそらく有史以来はじめて日常的に「書かれたもの」でコミュニケーションを取っている。これは、長く「書かれたもの」が仕事上の書類（つまり専門家がその分野について記したもの）か、「手紙」という非日常的なコミュニケーションに限られていたことを考えると、とても大きな変化だと言えます。

あるいはインターネットはこれまで「空気」とか「雰囲気」とか言われたもの、要は人と人のあいだのコミュニケーションを可視化します。仮にふだんそれなりに仲のいい男女がいて、よくフェイスブックやグーグルプラス*（Google+／ぐぐたす）で「いいね」や「+1」をつけ合っていたのが急にボタンを押さなくなったら、それは九割方「つき合いはじめた」サインです。……というのは半分冗談ですが、こうしたかたちでインターネットが代表する現代の情報技術は、今まで見えなかったものを見えるように、計測可能にしていきます。そして可視化されたものは操作可能にもなります。僕たちは「いいね」機能があるからこそ、その有無で好意を判断する／させるし、デジタル万歩計が消費カロリーを細かく計測するからこそ、自分の運動量を調節する。情報技術が僕たちの振る舞いや、文字や数字などの情報との関係を書き換えている一例です。

あるいは、インターネットの普及が代表する情報化の進行は、これまで可視化されていなかった膨大な匿名の言葉を発生させています。2ちゃんねる*など匿名掲示板の言葉はもちろん、ミクシィ*（mixi）やツイッターなどのソーシャルメディア上の言葉も実質的には強い匿名性を帯びます。

たとえば今日において「マラソン」についての一般的な世論を知りたければグーグル*

(Google) やツイッターで「マラソン」という文字列を検索すればいい。そこには無数のユーザーたちの「マラソン」についての言葉が溢れかえっています。彼らはひとりひとり名前（ID）をもつケースがほとんどですが、僕たちはその検索結果に並ぶものを匿名の言葉の集合体としか見做しません。だからこそ、それを一般的な「世論」だと解釈するわけです。

†情報技術の生むあらたな「中間のもの」

匿名の「世論」が形成される一方で、情報化の進行は固有名の言葉の力も強化します。たとえば村上春樹のマラソンに対する見解を知りたいとき、僕たち読者は村上春樹の個人アカウントをまず検索するでしょう。

このとき大きく後退するのが新聞、雑誌、テレビといったマスメディアの言葉です。村上春樹（固有名）はマスメディアを介することなく自ら発信し、一般的な「世論」はウェブ検索結果としての匿名の言葉の集合体こそがもっとも早く正確に表現してしまいます。

考えてみれば、雑誌ライターや放送媒体のアナウンサーの言葉はこの両者の「中間の言葉」です。一応「記名」された言葉でありながら、受容者たちはその話者（村上春樹）ではなく対象（マラソン）に興味の中心がある。そしてその言葉の責任は話者ではなくメディアの側にあります。しかし、現代においてこの「中間のもの（マスメディアの言葉）」は居場所を失いつつある。

「中間のもの」というのは現代の情報社会を考えるにあたって、非常に重要な視点です。なぜならばインターネットが代表する現代の情報技術は、「中間のもの（マスメディアの言葉）」を消滅させるその一方で、これまで存在しなかったあらたな「中間のもの」を生み出している、そしてそのことで世の中を大きく変えつつあるからです。

あたらしい「中間のもの」とは何か。その手がかりとして、よりメディアそのもののあり方に注目してみましょう。これまでのメディアについての議論では、情報化の進行は主に誰もが発信者にも受信者にもなれること、つまり双方向性に力点が置かれていた。

たとえば映画というのは、実際には非常に能動的な観客を対象にしているメディアです。わざわざ映画館に行って、お金を払い、長い時間画面に集中することが要請されるわけだからそれは当然のことです。それに対してテレビはダラダラと見ることが半ば前提になっているメディアです。つまり、かなり受動的な視聴者を想定したメディアだと言える。より正確に言えば、ダラダラ見たいと考えている視聴者に対応できる番組構成が要求されている。

では、能動性／受動性という視点から考えたとき、インターネットはいかなるメディアだと言えるのか。いや、いかなるユーザーを想定したメディアだといえるのか。

それはずばり、その中間です。より正確にはインターネットは映画よりも能動的に扱えるし、テレビよりも受動的に消費できる。そして、その中間の態度で接することもできる。ここで重要なのは、人間というのはそもそも映画が想定するほど能動的でもなければ、テレビが想定するほど受動的な生き物でもないという点です。

仮に映画が想定している人間の能動性を100、テレビが想定している能動性を0として考えた場合、人間は0から100のあいだを常に揺れ動いている（あるいは100以上や0以下にもなる）存在です。僕の考えでは、ここにインターネットというメディアの本質があります。たとえばブログなどを通じて市民記者のように毎日積極的に情報を発信している人は、確実に映画の観客より能動性の高いユーザーだと言える。その一方で、操作がよくわからなくて単に業者のダイレクトメールや家族や友人からのメールチェックだけにネットを使う人も非常に多く、これはテレビの視聴者よりもさらに能動性が低い状態です。この柔軟性こそがインターネットの最大の特性です。

これはインターネットがあたらしい人間像、ユーザー（観客、視聴者像）を発見した、と考えることができます。これまで（二〇世紀）のあいだは情報技術が未発達だったために、人間本来の姿、つまり常にその能動性が変化する主体としての性質に対応することができずに、（能動的な）「観客」や（受動的な）「視聴者」といった限定的な人間像を「想定するしかなかった」と考えるべきでしょう。

†人間をどのようなものとしてイメージするか

こうしたテクノロジーの進歩によって、僕たちは人間が本来もっている性質に直接的にアプローチできるようになってきた。これは「人間」という存在を社会がどう捉えるのか、というイメージそのものを大きく変えてしまう変化です。したがって当然、メディアや文化だけではなく社会制度も変化せざるを得ないわけです。

ひとつの例として両院制というものを考えてみましょう。これはそもそも、大衆の人気投票によって民意を政治に反映させるというポピュリズムとしての側面と、それをエリートによる熟議によって制御するという側面のふたつからつくられているものです。けれど、二〇世紀後半になると、このシステム自体がうまく機能しなくなる。たとえば日本の場合も、両院制と言いながら実際のところ「良識の府」であるはずの参議院こそがポピュリズムの器となってしまい、単純に有名人に対する人気投票の結果が反映される場所になってしまっています。現代において参議院は与党の法案を簡単には通さなくする野党側の嫌がらせ装置以上の意味は持っていません。

これは政治の話に限らず、さまざまな局面で人間を二元論的に捉えることが困難になっているということでもあるんです。二〇世紀の、特に後半の人間観というのは、「能動的かつ理性的な主体＝市民」と「受動的かつ感情的な主体＝動物」というふたつの側面から人間を捉えようとするものでした。そして前者の部分に対しては規律訓練によって、後者の部分に対しては環境管理によってそれぞれ対応しようとしてきた。

ここまでの話で言えば、映画とテレビ、熟議とポピュリズムの二項対立というのもこの問題に深く関わっています。さらに言えば、これは人間が自己決定によって世界を変えていける存在なのか、あるいは運命的に定められた環境の中で支配されて生きるものなのかという人間そのものに対する視線ともつながっている問題です。

けれど、先述したように、人間というのは本来もっとアナログな存在であり、0か1かというデジタルな発想だけで捉えられるものではありません。この情報化によってアプローチが可能になった人間像を、前述の國分功一郎は「中動態」という言葉で表現しています。これは古代ギリシャ語やラテン語にある概念です。中動態は能動態と受動態の中間にあるもので、自分が対象に働きかけていると同時に自分もまた対象になっているような状態を示したい場合に用いられます。この言葉を比喩として使えば、人間というのは本来、能動態でも受動態でもない中動態として存在しているという表現ができるというのが僕の考えです。

ただ、これまでは技術の問題で、人間を中動態的に考えることが非常に困難だった。しかし、テクノロジーの発展によってインターネットが登場したことで、僕たちは中動態としての(本来の)人間を可視化させることができるようになったわけです。だからこそ、インターネットについて考えることというのは、単にメディアの変化を考えるということに留まらず、「人間という存在をどのようなものとしてイメージすることが可能か」という非常に巨大な問いにつながっていくのです。

ちなみに、インターネットに限った話ではなく、常に移り変わる人間の能動性に対してどれだけ柔軟にアクセスするかという課題は、二〇世紀後半の技術にとっての重要な課題でした。たとえば家庭内電気製品や電子機器のインターフェイスは、人間工学や行動経済学の方法論を用いながら、従来なら分厚いマニュアルを参照しなければならなかった複雑な操作を直感的に操作可能なものに進化してきました。ここについては、国内の家庭用コンピューターゲームで培われた技術が大きく貢献していると言われています。これもまた〈夜の世界〉の想像力が〈昼の世界〉を書き換えている一例でしょう。

人がどのようにして人と関わり、誰かのために何かをしようと考えるのか。情報化が象徴するテクノロジーの進化はいま、人間という存在のイメージを書き換え、ひいては人間と世界との関わり方を変えつつあります。

そしてここからが重要なのですが、前述したように日本の情報社会は極めてガラパゴス的な発展を遂げています。このガラパゴス性について考えることは二一世紀の人類社会について考えることにつながります。そして、この現代日本のガラパゴス的「情報社会」がもっとも豊かに、多様に花開いているのが〈夜の世界〉の文化であるアニメやゲーム、アイドルといったサブカルチャーの産み出す「日本的想像力」の世界であることは疑いようがありません。

本書ではこうした日本のインターネットやサブカルチャーに内包される「論点」を抽出

し、分析を加えていきます。それは一見、他愛もなく、陽の当たらない〈夜の世界〉の現象にすぎません。しかし――いや、だからこそ、そこにはこれからの人間と世の中について考えるときに、絶対に避けては通れない大きな問いや思考の手がかりが内包されている。僕はそう考えています。

論点1

クール・ジャパノロジーの二段階論

――集合知と日本的想像力

†クール・ジャパン作戦会議

二〇一二年四月二八日、「ニコニコ超会議*」と題されたイベントでのことです。僕は壇上の司会者からとつぜん指名を受けて、あるシンポジウムに登壇することになりました。

それは「クール・ジャパン作戦会議*」と題されたシンポジウムで、そこでは経済産業省の枝野大臣を交えて、これからの「クール・ジャパン作戦」——つまり日本のサブカルチャーをいかに海外(とくに欧米)に輸出していくか討論する、という内容でした。僕は正規の登壇者ではなく、同じ会場の別の時間に行われていたまったく別のシンポジウムの司会をやっていたのでたまたまその場にいただけでした。具体的にはある国民的アイドルグループの未来について徹底討論するというシンポジウムに司会として登壇した直後で、精も根も尽き果てていました。七年間に渡ってグループを引っ張ってきた絶対的な存在、不動のセンターを失ったあと僕たちは、そしてこの巨大な文化運動はいかにあるべきなのか——僕らはそのすべての能力をもって、この人類史的な問題に立ち向かい、議論を重ねました。その結果、このときの僕は言ってみれば空気の抜けたビーチボールのような存在になっていたと思います。すっかり気を抜いて、会場にかけつけてくれた友人たちと他愛もない話をしていました。仲間内のAさんがBさんのことをたぶん好きなのだけど、Bさんにはほかに恋人のCさんがいる。でもこのふたりは付き合っていることを隠していて、そうとは知らないAさんはBさんといい雰囲気で関係が進行していると思い込んでツイッターやフェイスブックに彼氏気取りの書き込みを連発している。そして一連のソーシャルグラフ（ウェブ上の人間関係）を把握している僕たちはこのビミョーな状況にどうしていいかわからない——僕たちにできるのはこの喜劇（悲劇）をただ見守ることだけなのか——的なことをだらだらと話していたと記憶しています。

だから僕はその一連の議論を注意深く聴いていたわけではありませんでした。けれど、聞き流しでもわかってしまうくらい、その議論は停滞していた。「いかにして日本のマンガやアニメやゲームなどのソフトを海外に普及させるか」——経産省もクリエイターも出版社もIT企業も、どうにかしてそれを実現したい。というか、どうにかして実現するしかない。しかし、現状を冷静に分析すればするほど、日本のマンガやアニメやゲームが海外のマニアックなサブカルチャー好きのコミュニティを超えて、ハリウッドの映画や韓流の歌謡曲のように普及するとは考えづらい、という結論に近づいてしまう。しかしそれではあまりに展望がないのではないか——議論がそんな行き詰まりを見せているのは誰の目

クール・ジャパン政策の概要

▽基本メッセージ：新しい日本の創造
・日本人が本来持っていた環境調和型、省エネルギー型のライフスタイルや産業構造の原点に立ち帰り、創造と進化を遂げる
・「現場で頑張る人」、「世界の舞台に挑戦する中小企業、若者」を支援する

▽政策の柱
①日本のブランドの強力な発信
・「クリエイティブ・ディレクター・チーム」の設定
・東日本の「復興物語」の記録と情報発信
・「現場で頑張る人」の物語の抽出と情報発信
②東日本の復興への貢献
・「産業再生、コミュニティー再生プラン」の公募
・東日本の地域産品のブランディング
・ライフスタイルのブランド化とまちづくり
③創造基盤の構築
・地域活性化――クリエイティブ・ハブの構築
（クリエイティブ東京、地域におけるクリエイティブ・ハブの整備［総合特区制度の活用など］）
・新しいライフスタイルのデザイン
・人材育成
④海外展開
・「クール・ジャパン戦略推進事業」の実施

（経済産業省ホームページ「クール・ジャパン官民有識者会議提言」より）

にも明らかだったと思います。

僕は自分が登壇者ではなかったので、壇上の人たちは大変だな、このシンポジウムはどうやって議論をまとめるつもりなんだろう、と少し意地悪な気持ちで眺めていたのですが、そんな僕の気持ちが見透かされたのか、司会者のジャーナリスト（津田大介*）からとつぜん指名を受けてしまいました。「宇野君がこの会場にいるはずだから、ちょっ

と出てきてもらいましょうか。彼はきっと言いたいことがあるだろうから」――喰えない人だな、と思いながら僕は腰を上げました。たしかに、僕には言いたいことは山ほどあった。いきなり指名されたことには、正直、驚いていましたが、このとき僕には確信がありました。この種の議論がすぐに行き詰まってしまうのは、論者たちがある思い込みを前提に議論しているからだ。そしてその思い込みを解除することで、議論は飛躍的に建設的なものになるはずだ、と。

壇上に登った僕はこう主張しました。この種の議論が陥りがちな罠――それは国内のマンガやアニメやゲームというソフト「そのもの」を輸出してしまおうとするところにある、と。では何を輸出すればいいのか。それはソフトウェアではなくハードウェア――作品そのものではなく作品を楽しむ（消費）環境そのもの――マンガやアニメやゲームではなく、コミックマーケット*（コミケ）やニコニコ動画*といったコミュニケーションのインフラそのものに他ならないのだ、と。

†二次創作のインフラと日本的想像力

そう、ポイントは、この種の日本のポップカルチャーについては単に作品を輸出するだけでは、おそらくそのおもしろさが半分くらいしか伝わらない、ということです。たとえば日本のマンガ、アニメなどの文化はコミックマーケットやインターネット上のコミュニティサイト（それこそニコニコ動画など）での二次創作*文化――つまりインディーズ市場で、ある作品の登場人物や設定を用いて、消費者が別の物語を展開する文化に強く支えられています。「聴いてよい曲」とカラオケなどで「歌って楽しい曲」が違うように、日本のオタクたちは単に映像作品としてクオリティの高いアニメを評価するだけではなく、二次創作の素材として優れた作品を評価する文化を数十年かけて育てています。

　この基準で考えると、映像作品としての比類なき完成度を誇る宮崎駿*監督の大作アニメ映画よりも、たとえ作画状態が芳しくなくて脚本に矛盾が多かったとしても、物語の背景に膨大な架空歴史年表が設定されている『機動戦士ガンダム*』シリーズのほうが二次創作の素材としては「優秀」だと言える。現にガンダムファンたちは「宇宙世紀〇〇年にあった××紛争では、新兵器の△△が使用されたと考えるとシリーズ第〇作でのこの描写に整合性が取れる」といった類の「考察」を今も延々と続けているはずです。

　あるいは「初音ミク*」などのボーカロイド*は、こうした「二次創作」による消費を前提としています。ボーカロイドとは、楽譜を入力するとあらかじめサンプリングされた声優

『機動戦士ガンダム』架空歴史年表

U.C.0079	**一年戦争** ジオン公国が地球連邦政府に独立を宣言。モビルスーツ「ザク」の部隊によってコロニーを地上へ落とす奇襲戦法で開戦した。連邦軍もモビルスーツ「ガンダム」を開発し、戦争は激化する。 ▽『機動戦士ガンダム』（テレビシリーズ） ▽『機動戦士ガンダム』（劇場版3部作） ▽『機動戦士ガンダム0080――ポケットの中の戦争』(OVA) ▽『機動戦士ガンダム第08MS小隊』シリーズ(OVA)
U.C.0083	**デラーズ紛争** 一年戦争後、もとジオン公国軍のデラーズ中将は「デラーズ・フリート」を組織。連邦軍から奪取したガンダム試作2号機で観艦式を急襲した上に、コロニー落下作戦を企てた。この事件後、連邦軍はジオン軍残党狩りを強化していく。 ▽『機動戦士ガンダム0083』シリーズ（OVA）
U.C.0087	**グリプス戦役** 連邦軍内に宇宙移民を厳しく武力弾圧しようとするエリート組織「ティターンズ」が台頭。これに対抗する反地球連邦組織「エゥーゴ」が活性化した。さらに小惑星アクシズが地球圏に帰還、戦いは混迷を極める。 ▽『機動戦士Ζガンダム』（テレビシリーズ） ▽『機動戦士Ζガンダム』（劇場版3部作）
U.C.0088	**第一次ネオ・ジオン戦争** ティターンズ崩壊後、ハマーン・カーンのアクシズはミネバ・ザビを擁立して「ネオ・ジオン軍」を名乗り、地球侵攻作戦を開始。同軍はダカールを占拠するなど作戦を成功させたが、ザビ家の血族を自称するグレミー・トトが反乱を起こし、内紛で崩壊した。 ▽『機動戦士ガンダムΖΖ』（テレビシリーズ）
U.C.0093	**第二次ネオ・ジオン戦争**（シャアの反乱） スウィート・ウォーターを占拠した勢力はシャアを総帥としてネオ・ジオンを宣言。5thルナをチベットのラサに激突させ、アクシズ落下により地球寒冷化を目論む。地球連邦軍の外郭組織ロンド・ベル隊のアムロたちがこれを阻止しようと奮戦。 ▽『機動戦士ガンダム――逆襲のシャア』（劇場版）

（参照：バンダイチャンネル）

の声でその楽曲を歌ってくれるソフトで、擬人化されたボーカロイドに楽曲を入力することが、初音ミクという美少女キャラクター（歌手）に歌を歌わせる、つまりプロデューサーの立場から楽曲を与えるという「見立て」を可能にし、多くのユーザーの心をつかみました。ここにはキャラクター消費の本質が現れている。僕たちはキャラクターを二次創作することで、あるときはオリジナルの作品とは異なった人生を彼／彼女に歩ませ、またあるときは自分の好きな（自分で作成した）歌を歌わせることで、キャラクターを「愛する」。初音ミクの「擬人化」とその成功にはこの本質がよく現れています。

そしてこの初音ミクの二次創作的消費の舞台となっているのが二〇〇六年に誕生した「ニコニコ動画」という動画投稿／コミュニティサイトです。最初はユーチューブ*（YouTube）の日本版として登場したこのサイトは、画面に直接コメントをつけることができる、などの独特の仕様が人気を博し、今やコミックマーケットと並んで日本最大のオタク系文化のコミュニティを形成しています。ここではオリジナルの動画投稿や、マニア向けのアニメ放送に加え、既存のアニメや漫画やゲームの画像や映像をコラージュしたパロディや、MAD動画*と言われるアニメなどのリミックス映像、「歌ってみた」「踊ってみた」という一般ユーザーのカラオケやダンス映像などが日々膨大に投稿されています。日本の

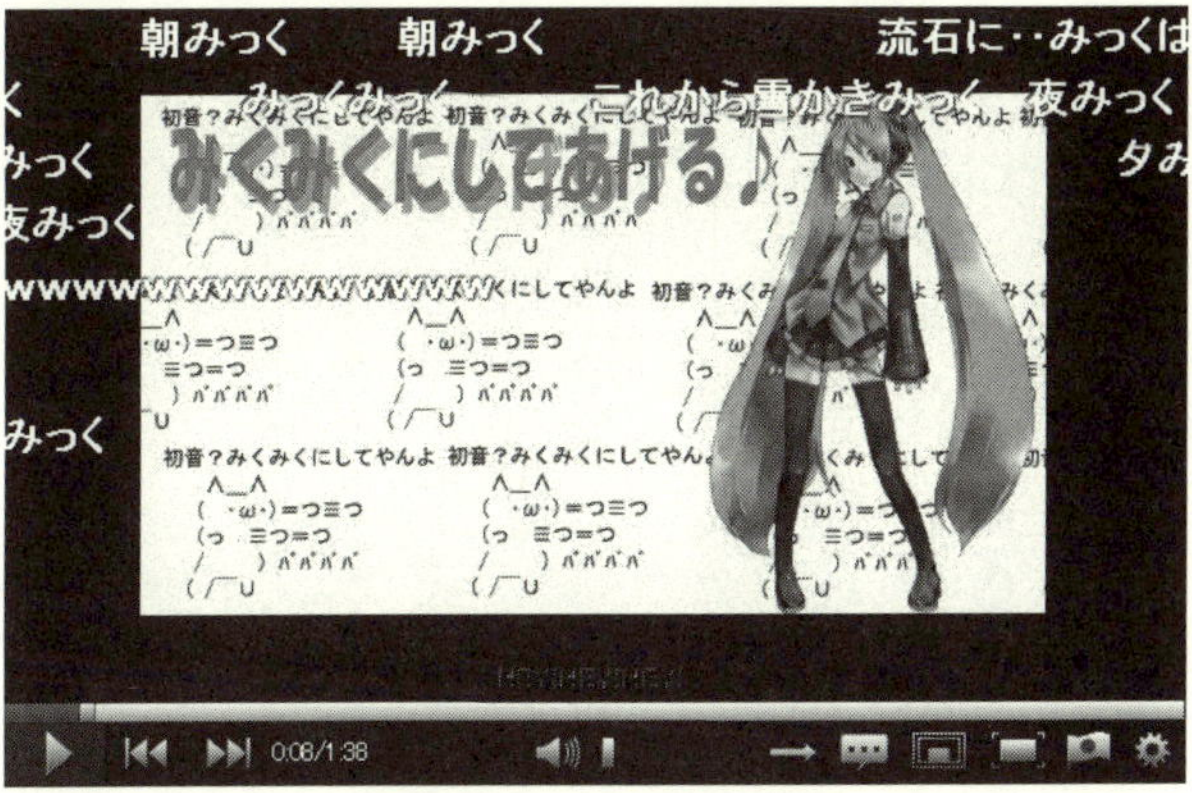

二次創作の舞台となるニコニコ動画のコミュニケーション様式
（【初音ミク】みくみくにしてあげる♪【してやんよ】より）

オタク系文化史は、コミックマーケットからニコニコ動画に至る二次創作コミュニティの歴史だと言い換えても過言ではありません。

ニコニコ動画において、「初音ミク」などのボーカロイドの楽曲や映像は日々（半ば自動的に）進化を遂げています。ここではあるユーザーが投稿した動画（の楽曲や映像）を、別のユーザーが改変（マッシュアップ*）することで洗練される、という現象が無限に連鎖するという現象が常態化しています。

もちろん、同じことがMAD動画やオリジナル手描きアニメなど、あらゆるジャンルに当てはまります。しかし、ユーザーが楽曲を入力することで（歌を教えることで）はじめて機能する（生きる）初音ミクは、とりわけ強く消費者たちの二次創作的な欲望（キャラクターへの愛）を喚起し、ニコニコ動画の中でも（すなわち現代日本のキャラクター文化の中で）巨大な存在感をもつ一大ジャンルに成長しています。

このとき、初音ミクたちに歌を歌わせるユーザーは創作者でもあり、消費者でもある。彼らのほとんどはキャラクターへの愛の表現として、彼女たちに自分の好きな歌や、自分のつくった歌を歌わせたいという欲望の実現のために創作を投稿しているにすぎない。このとき彼らユーザーは消費者なのか、それとも創作者なのかは厳密に区分することができません。この消費と創作、コミュニケーション（現実）と作品（虚構）との境界線が曖昧になる「中間の空間」こそが、現代日本の二次創作的な文化空間だと言えるでしょう。

†コミュニケーション様式を輸出せよ

そして――ここが重要なのですが――こうした二次創作的な消費文化なくして、現代日本のサブカルチャーの快楽を享受することは極めて難しい。二次創作的な消費をすることではじめてその快楽の本質にたどり着くことができる表現こそが、現代日本のサブカルチャーの中核を占めている。それを考えると、単に作品（ソフトウェア）を輸出するだけでは不十分で、消費環境とコミュニケーション様式（ハードウェア）を輸出してはじめてその表現の輸出は成立する――僕はそう考えています。これは、日本のオタク系文化の「おもしろさ」を一〇〇％輸出しようと思うなら、現地に日本のそれと同じような二次創作文化と、それを可能にするファンコミュニティ、インフラ（コミックマーケットなどのイベント、ニコニコ動画などのインターネットサービス）が必要だということを意味します。初音ミクだけを輸出することに意味はなく、ニコニコ動画を同時に輸出することで、二次創作文化を同時に輸出することでクール・ジャパン作戦ははじめて成立するはずです。

単純に考えれば、ハイコンテクストな（＝習慣や文化的背景、経験といった「文脈」に依るところの大きい）日本のオタク系文化の輸出は難しい、という結論が導かれます。しかし、ローカルな文脈に依存した作品はたしかに輸出しづらいが、文脈を生んでそれを育てる消費文化（楽しみ方）の形式は、案外受け入れられるのではないか。

クール・ジャパン作戦の真の成功とは、もしかしたら日本産のアニメが世界中で鑑賞されることではなく、日本的なアニメの「楽しみ方」がグローバル・スタンダードになり、世界中で「日本的な」マンガやアニメが生まれ、世界中のオタク達がコミックマーケットに集まることなのではないか――少なくとも、僕はそう考えています。

なぜならば、戦後日本がその輸出に成功し、グローバルな市場を牽引した文化の多くが、本質的にはコミュニケーション様式の輸出であった、と考えられるからです。たとえば「日本車」を生んだトヨタの「カイゼン・カンバン方式」*——この独特の生産様式は現代の情報社会から振り返ると、日本的集団主義を利用した集合知*的なシステムだと位置づけられる。あるいは同様に世界を席巻した通信カラオケ——これもやはり、歌謡曲の主旋律を歌う二次創作的なゲームだと位置づけることができる。戦後日本が発信し、グローバルに浸透した文化の多くが、集合知や二次創作を生むコミュニケーションの様式の輸出だった、という側面がここには指摘できます。

前述の濱野智史は2ちゃんねるやニコニコ動画といった日本のウェブサービスは、もともとアメリカから輸入された電子掲示板やブログや動画共有サービスに由来していながらも、日本独特のコミュニケーション条件に適応することで、本家のネットカルチャーとは大きく異なる、きわめて豊かな生成力をもつカルチャーを産み出してきた、と主張しています。これは単にインターネット上の出来事に留まらず、これまで日本がグローバルに勝てるプロダクトを産み出してきたときの共通パターンでもあったわけです。

前述したように、アメリカ発のモータリゼーション*を受け容れていく過程でトヨタがコストダウンのために「カイゼン・カンバン方式」といった独自の生産様式を磨くことで日本車の優位を確立したケースがこれに当たります。また、ディズニー*的なフルアニメに対して予算に乏しい手塚治虫*の虫プロが「止め絵」や「バンク」などリミテッドアニメ*の手法を多用して洗練させることで、かえって高い演出性を獲得した日本アニメにも同じことが言えるでしょう。欧米から輸入してきたものを、日本的なコミュニケーション空間で運用しているあいだに、いつの間にか別のものに変化させてしまう。日本車、ジャパニメーション、ニコニコ動画……私見ではほんとうに輸出すべき日本的想像力はここ（コミュニケーション様式）にあります。

そして、こうしたコミュニケーションの様式、つまりこれまで「空気」とか「コミュニケーション力」とか「他者への開かれ」とか呼ばれてきたものを、序章で紹介したように現代の情報技術は可視化し、記述することが可能です。僕が日本的想像力の情報社会下における〈夜の世界〉の展開こそが、これから価値をもつと考える根拠はここにあります。まさに、情報技術の発展した「いま」こそ、日本的想像力の本質、すなわちコミュニケーション様式を創作のインフラとして「輸出」できるのではないか。

……と、いったことを数十分の一に圧縮して僕は壇上で喋り倒しました。ちょっと話が長かったようですが、会場の評価はなかなか上々。なるほど、と枝野経済産業大臣にも深く頷いていただき、僕は得意満面、いわゆるドヤ顔で降壇していきました。我ながら、なかなか気の利いたワンポイント・リリーフだったと思います。

ちなみに、友人たちのところに戻ると僕たちがそれまで興じていた仲間内の恋愛模様についての噂話が、イベント会場のあちらこちらで行われていたニコニコ動画の生中継のひとつに混じって全国に流れてしまっていたことを知らされました。このとき話題の中心を占めていたAさんは、その後半年くらい僕と口をきいてくれませんでした。みなさんも、情報社会下における個人情報の流出にはくれぐれも気をつけてください。

論点2

地理と文化のあたらしい関係

――東京とインターネット

†「地理」の死んだ街・東京

僕は東京の高田馬場という街に住んでいます。高田馬場は新宿と池袋のあいだにある学生街で、山手線という東京都心を一周する環状線の駅があります。鉄道でも自動車でも、都内の主要な街には三〇分以内で移動できるので、出版業界や放送業界と仕事をすることが多い僕にはとても便利な街です。

この街を選んだ理由は、高校の同級生が以前この街に住んでいたからです。彼が大学生の頃、高田馬場の駅前に部屋を借りていて、当時関西の大学に通っていた僕は夏と春の休講期間には必ずといっていいほどそこに転がり込んで遊んでいました。その彼は卒業後に地元に帰って高田馬場を離れてしまったのですが、僕は彼の帰郷とほぼ入れ違いで評論家になるために東京に引っ越してきました。それまで僕は京都で会社員をのんびりとやっていたのだけど、少し思うところがあって東京で言論活動をはじめようと考えた。そしていわゆる転勤族の家庭に生まれたせいで東北、九州、北海道と地方を移り住んできた僕は、いざ東京に住むとなると知らない街に暮らすのが不安になって、唯一なじみのある高田馬場に住むことにした、というわけです。

あれから七年、何度も引っ越す機会はあったのだけど、いまだに僕は高田馬場に住んでいます。住み続ける最大の理由は交通の便の良さですが、本音をいうといまだにこの東京という巨大な都市の中に、自分が心から住みたいと思える街が見つからない、というのも高田馬場に留まっている理由のひとつになっています。

七年間住んでつくづく思うのですが、僕はこの東京という街はとても「変な街」だと思っています。たとえば僕は自宅のある高田馬場から距離的には数キロと離れていないはずの護国寺や目白台といった地区のことをとても遠くに感じている。感覚的には九段下や渋谷よりも遠くにあるくらいです。これはどういうことかというと、単純に鉄道のアクセスの問題です。電車の乗り換えの関係で、本来近い場所が遠い場所として機能しているし、その逆のケースも多い。これはおそらく、この街が極度の鉄道依存の街であるために起こっている現象です。

この東京という街は単純に規模的に大きすぎるのと、所有コストと道路事情の問題で都心の自動車生活がかなり「不便」になっている。そしてそのせいで、特に都心では極度の鉄道依存のライフスタイルを余儀なくされている。もう二〇年以上も前にある映画監督（押井守）*がこの現象について「距離と時間が置き換わっている」と指摘していました。

この東京という街で、僕らはいつの間にか新宿まで〜キロメートル、池袋まで〜キロメートル、ではなく新宿まで〜分、池袋まで〜分、と距離を鉄道での移動時間に換算して思考している。ここではつまり、人間の思考回路上の「距離」が意味を失い「時間」に置き換わっているといえる。こうした現象は、なかなか他の街では起こりづらい。東京ほど面積が広い都市は世界でも珍しく、たいていの場合はここまで鉄道依存が強くないし、ある程度鉄道依存が進んでいても、実際の距離と鉄道での移動時間が極度に食い違うことは珍しいからです。そう、東京はおそらく世界有数の「地理」というものの意味が死んだ街だと言えます。

†地理と文化の切断

そして——この東京における地理の「死」は、僕たちにある感覚を強く想起させます。目的地まで〜キロメートルではなく、〜分と時間に換算する思考、より正確には鉄道で〜駅分移動する、と考える東京の人々の地理感覚は、目的の情報まで〜クリック必要である、と思考するインターネットのブラウジングに非常に近い。私見では、こうした東京における地理の「死」は地理と文化の関係を不可逆に変化させています。

たとえば銀座から新宿へ、新宿から渋谷へ――戦後日本における若者文化のホット・スポットは一〇年単位で移動してきています。そして渋谷のあとにやってきたのは、ある種の拡散だったと言えるでしょう。「埼玉の首都」としての池袋、「広告都市」渋谷を支えたバブル経済の破綻の結果として若者たちが流れついた「貧乏サブカル」の街・下北沢、そして電気街をジャックするかたちで生まれ変わらせたオタクの「聖地」秋葉原――。九〇年代後半以降、特定の「都市」が若者文化を代表することはなくなり、その代わりにそれぞれのトライブごとに、街々が「棲み分ける」ことをはじめたのだと言えます。

たとえば九〇年代後半に秋葉原は第三次アニメブーム*とインターネットの普及を背景に、電気街から「オタクの聖地」に変貌を遂げています。従来の電気街にオタク系の書店や玩具店、同人誌専門ショップなどが開店し、両者が混沌として共存する現在の姿の原型がこの時期に確立されています。

そこにはオタクと呼ばれる「人種」が通い、「アキバ系*」という言葉がある種の性格類型（キャラ）を指す言葉として流通しはじめていました。その意味において、秋葉原はいわばモノカルチャー（単一文化）的な都市として注目を浴びていました。それは「都市」という言葉が、多種多様な文化が混在する凝集性の高い空間を指し、その文化的・精神的な「交通」こそが称揚された八〇年代の「渋谷的な」理想とは真逆の姿だったはずです。そこにはたしかにひとつの価値観しかない（ように「表面上は」見えます）。「交通」もへったくれもありません。

にもかかわらず、（そして現在の僕たちが知っている）秋葉原という空間は豊かで魅力的です。それは「秋葉原」という街は若者たちが自分たちの力で――「～が好き」という気持ちで、そこを自分たちの場所に変えていく空間として機能していたからです。

近年、オタクたちが好みのアニメの舞台となった街や背景美術の素材となったスポットを「聖地」と称して「巡礼」する遊びが注目を浴び、一部の自治体ではそれを町おこしに結びつけようとする動きがあります（「聖地巡礼*」）。オタクたちは自分たちが好きなアニメの背景美術の素材になったという理由だけで、なんでもない駅前路地や、地方の神社、あるいは郊外の住宅地まで「聖地」と見做していく。普通の人にはなんでもない場所が、そのアニメのファンにとっては特別な場所になる。ここではオタクたちがその想像力で、なんでもない場所に「意味」や「歴史」を与えている。

こうしてオタクたちは、サブカルチャーのデータベースを用いて、なんでもない場所を「意味づけ」して「聖地」に変えていきます。かつては「地理」が「文化」を生んでいました。「この町には〜な産業が発達した歴史があって、そのために……系の施設や商店が多い」云々、といった形式で地理が文化を規定していた。しかし、現代は逆です。文化が地理を規定している、といえます。十数年前にオタクたちが秋葉原をハッキングして自分たちのものにしたように、今もオタクたちは郊外のショッピングモールや、ありふれた田舎の駅前の「風景」を自分たちの力で着々と「聖地」に変えていっているのです。

オタク文化が秋葉原を塗り替えたように、この時期ヤンキー文化が池袋を、旧世代のサブカル文化が下北沢をそれぞれ塗り替えていったと言えるでしょう。たしかにそこには「交通」もへったくれもない。同じ街に、同じものが好きな者同士が群れている閉鎖的な空間と言えなくもない。しかし、彼らは他の街に越境するのではなく、どこまでもその街の奥深くに「潜る」ことで、冒険することができる。そしてそんな彼らの想像力が、池袋や秋葉原や下北沢といった「イケてない街」を「聖地」に変えていった。それがこの一〇年ほどの間に出現した地理と文化のあたらしい関係性です。

†地理と文化とインターネット

こうしたあたらしい地理と文化の関係下において、地理は文化を生む機能をほぼ失います。ボーカロイドにせよ、ケータイ小説にせよ、この一〇年余りあたらしく生まれたサブカルチャーのほとんどがニコニコ動画や魔法のiらんど*といったインターネット上のコミュニティから発生しています。その一方で、特定の都市文化がこの規模の文化を生んだケースは皆無です。私見では、特定の都市文化がサブカルチャーの大きな潮流を生んだ最後の例は九〇年代後半の裏原宿*です。コミックマーケットしかり、今紹介した裏原宿しかり、サブカルチャーの歴史とは、半ば創作者であり半ば消費者である人々のコミュニティ——たとえばインディーズ作家たちとそのファンたちのコミュニティから文化運動が発生していく、という現象の反復です。

当時の裏原宿は若いデザイナーたちの店が数多く存在し、そこに集う若者たちのコミュニティからさまざまな文化が生まれ、発信されていた。しかしその数年後に原宿周辺の地価が上がって若いショップが撤退してしまうとコミュニティが崩壊して、これらの文化そのものも衰退してしまった。

一方、秋葉原にも同じような「危機」がありました。二〇〇八年に通り魔による連続殺傷事件*が発生し、その直後に歩行者天国は一時休止され、街の活気も大きく低下していきます。このとき裏原宿と同じように秋葉原も衰退し、街が体現していた文化も衰退する可能性はゼロではなかったはずです。しかし、この秋葉原の衰微は一時的なものに留まり、オタク系文化のブームも下火になることはなかった。

なぜならば、このときすでにオタクたちのコミュニティは秋葉原という現実空間の都市ではなく、ニコニコ動画やピクシブ*（Pixiv）といったコミュニティサイトに移動していたからです。秋葉原は休日やイベントのときにでかける「祝祭」の場にすぎず、ニコニコ動画やピクシブといったインターネットにこそオタクたちの「日常」の場は存在していた。そのため秋葉原という街の一時的な衰退はオタクたちのコミュニティを破壊することはなく、コミュニティが生む文化を破壊することもなかった。そして、歩行者天国の復活後秋葉原は継続するオタク文化ブームの象徴として、次第に活気を取り戻しています。

今日においてインディーズのコミュニティを育み、文化を生成する機能はすでにインターネット上の「場」に取って代わられている。もし九〇年代にインターネットが現在と同じレベルで普及していて、彼らのコミュニティサイトが活性化していれば裏原宿は衰退しなかったかもしれない、と僕は考えています。

†都市から建築へ

創作者と消費者の融合したインディーズのコミュニティがサブカルチャーを生成する――コミックマーケットやニコニコ動画による同人（二次創作）作家たちとそのファンのコミュニティはその戦後日本における代表的な存在です。そしてコミックマーケットは同時に、情報化の進行による地理と文化の関係の変化を体現する存在だと言えます。

一九七五年開催の第一回コミックマーケットは、虎の門の公共施設の会議室を会場にしていました。その後三〇年余りの歴史の中で、晴海《はるみ》、有明《ありあけ》など数回の「引っ越し」を経て現在の東京ビッグサイトに落ち着いている。この移動を要求したものは単に会場の規模＝サイズの問題です。虎の門、晴海、有明といった都市の歴史や文化とはまったく関係がなく、単に必要とされる建築物の規模だけを理由に会場が移動している。

これは一見、何でもないことのように思えるかもしれません。しかし地理と文化の関係を考えるうえでは決定的なことです。コミックマーケットは夏と冬、年二回だけ開催されるオタクたちの「祝祭」の場です。オタクたちの「日常」の交流の場はすでにインターネット上の場に移動しており、現実の空間に求められるのは「祝祭」の場でしかない。そして「祝祭」の場に求められるのは、自由で豊かで美しい都市空間ではない。そこがどんな街にあるかはもはや問われることはなく、単に建築物の利便性とサイズだけが要求されている、ということに他なりません。

従来の都市文化論は、「多様なコミュニティが共存し、活発な交流をうながす環境が都市空間に存在することが必要である」という前提で考えられてきた。しかし現実空間に文化が要求するものが日常の交流ではなく、祝祭の場になった現在、この前提は崩壊しています。祝祭の場としての現実空間に文化が要求するのは建築物の機能、とくにサイズだけになりつつある（建築家の藤村龍至*はこの現象を「都市から建築へ」と表現しています）。

そしていま、僕の手元にある国民的アイドルグループの握手券が数枚あります。僕は一カ月に一度か二度、この握手券を握りしめて自分の「推しメン」（「推す」＝応援するメンバー）との握手に出かけています。最近は仕事で一緒になったメンバーに顔と名前を憶えてもらい（専門用語で「認知」という）、より充実した会話を楽しんでいます。握手ブースに入った途端に「あ、宇野さんじゃないですか！」と名前を呼ばれるのがもう嬉しくて仕方がありません。よくよく考えると仕事相手にお金を払って挨拶に行っているだけのような気がしなくもないのですが、たぶん気のせいでしょう。

少々脱線しましたが、ここで重要なのはこの握手券には恐るべきことに握手会イベントの開催場所が書かれていないことです。関東地方の場合はたいてい西武ドームかさいたまスーパーアリーナでやることが多いのですが、どちらの会場になるかは握手会の二、三週間前にインターネット上などで発表されることが多い。そして僕たちファンはそのことにまったく疑問を感じていない。目当てのメンバーと握手できるなら、そこがどのような歴史を持ち、どのような産業を持ち、どのような風土の上に存在していても「関係ない」。つまり、ここでは五万人から一〇万人を収容できる建築物の規模＝サイズだけが問題になっている。これは現代における地理と文化の関係を象徴していると思います。もはや街並みや、コミュニティの多様性といった「都市」の機能はほとんど文化の生成と存続に寄与しない。関係するのは建築の機能、とくに規模＝サイズだけになりつつあると言えます。

†あたらしいホワイトカラーの誕生

地理が文化を決定するのではなく、文化が地理を決定する――。都市ではなく建築が文化に要求される――。

このように、情報化は僕たちにとっての都市というものの機能を強く変化させている。

そして、この変化は僕たちの都市「文化」だけではなく、都市「生活」そのものを根本から変化させているように思えます。

浅草、銀座から新宿、渋谷へ——この東京という街は、若者の盛り場とともに西へ、西へと文化の中心が移動しています。この移動は同時に、戦後社会の産んだホワイトカラーたちが、東京の西側にベッドタウンを求め街々が再開発されていった歴史でもある。新宿や渋谷といった山手線の西側のターミナルを起点に、小田急線や東急東横線といったそこに乗り入れている私鉄の沿線に、成城や二子玉川のような閑静な住宅街が都心に通うホワイトカラーの核家族の住む街として生まれていった。あるいは新宿や渋谷から西につながる下北沢や吉祥寺や中央線の沿線の街々が、それよりも低所得な若い独身者の住むサブカルチャーの街になっていった。

そして僕がこうした東京の西側の街に住みたいと考えているかというと、実はまったく考えていません。理由はふたつあって、第一に仕事上都心から離れると不便だから、第二にこれらの地域が文化的にすり減っているようにしか見えないからです。たとえば昔の文化産業の従事者は、少なくとも現在よりは地理と文化の関係を前提に住む街を決める傾向があったように思える。昔のデザインや広告関係の従事者は代官山や中目黒、テレビ関係の従事者は港区、といった都市のカラーがある程度存在していた。

しかし、前述の通りこうした特定の街からあたらしい文化はもう一〇年以上生まれていない。実際に文化を生む機能が失われているにもかかわらず、かつての文化的な都市のイメージを信じることは、僕にはただのパロディ以上には思えない。たとえば、若い編集者が今、新宿のゴールデン街*で飲み歩くのはかつての文芸編集者や作家の（今は衰微した）コミュニティに憧れているだけで、コスチュームプレイ*（コスプレ）以上の意味があるとは思えない、それと同じです。

そして、僕の考えではこうした地理と文化の関係の変化は、おそらく東京という街の生活環境、ひいては日本の階級構造と結びついたライフスタイルの変化と連動している。そもそも渋谷や新宿をターミナルにする私鉄の沿線の「いい街」に家を買って、そこから都心に一時間かけて通う、というライフスタイルは単純に専業主婦の奥さんが家を守っている人のもので、共働きが前提の今の二〇代、三〇代にとってそれほどリアリティがあるとは思えない。

考えてもみてください。新宿や渋谷で乗り換えて、一時間かけて都心に通うというライフスタイルがとれるのは、彼らに専業主婦の奥さんがいたからだと思います。残業するのが当たり前で、終業後は会社の仲間と一杯飲んで、あとは帰って寝るだけ。（専業主婦の奥さんがいるので）家事をすることもなければアフター5に趣味の仲間に会うわけでもない、という戦後的サラリーマン男性のライフスタイルが、東京を西側に延ばしていったと言えます。しかし、この一〇年で出現した若い都市部のホワイトカラー層のメンタリティは、東京の西側に住む彼ら戦後的ホワイトカラー層のそれとはかなり異なるのではないか。

たとえば僕の家庭も共働きで子どもがまだいませんが、単純に僕も妻も忙しいので山手線の内側のお互いの仕事にとって便利な場所に住む、という判断になる。あるいはあるIT系の会社に勤める同世代の友人は、やはりIT系の会社に勤める奥さんと湾岸部のマンションに住んで、移動にはおもにカーシェアリングを活用している。これが今の若いホワイトカラー世帯のリアリティではないかと思うわけです。

おそらくこれから何十年か後に、この二〇年くらいの時代がどのように振り返られるのかというと、こうした「あたらしいホワイトカラー層が日本の都市部に生まれはじめた時代」と言われる可能性が高い。たとえば三〇歳で年収が一〇〇〇万円以上ある家庭の多くが、以前は大手メーカーや金融機関の正社員で、彼らの多くに専業主婦の配偶者がいたはずです。しかし現在においてはこうしたスタイルをとっている人の割合は下がっていて、おそらくはＩＴ企業や外資系企業に勤める人の割合が増え、共働きの家庭が多いはずです。

こうした「あたらしいホワイトカラー層」は、雇用環境的に戦後的大企業文化を中心にしたサラリーマンの生活文化をもたない可能性が高い。持ち家へのこだわりは相対的に低いだろうし、新聞やテレビはほとんど参考にせず、インターネットを中心に情報収集をしている。百貨店よりも楽天、紀伊國屋よりもアマゾン*（Amazon）で買い物をしている可能性が高い。業種や家族構成、住む場所だけではなく、メディアへの接し方や買い物の仕方まで違うはずです。つまり、これらあたらしいホワイトカラーは、かつての戦後的なホワイトカラーとはまるで異なる価値観で生きていることになります（たとえば僕自身がそれに当てはまっているでしょう）。

序章で用いた喩えを当てはめるなら、〈昼の世界〉の（古い）ホワイトカラーと〈夜の世界〉の（あたらしい）ホワイトカラーと表現することができると思います。

そしてこのあたらしいホワイトカラー層の出現は、〈夜の世界〉の思想や技術――インターネットやサブカルチャーといった〈夜の世界〉で育まれたあたらしい思想や技術が、〈昼の世界〉――ものづくりや市民社会に進出してゆく契機になるのではないか、と考えています。目に見えない領域、想像力の領域で先行して育まれてきた思想や技術、そして価値観がいま、ライフスタイルとなって可視化されつつある——その端緒がこの東京という街に徐々に見えはじめているように思えるのです。

†「夜の東京」を夢想する

しかし、実際の東京はむしろ戦後的な鉄道依存の体質、旧国鉄のターミナル駅とそれに連動した百貨店を中心とした再開発（渋谷ヒカリエなど）に傾きつつあります。しかし〈夜の世界〉の思想、あたらしいホワイトカラー層の価値観をかたちにするためには、こうした「昼の東京」の再強化に抗うビジョンが必要だと僕は考えています。

冒頭に述べた通り、東京という街は自動車の所有コストが異常に高い。自動車道路網の渋滞も多く、街の規模自体が大きすぎるため鉄道依存がかなり強い。この条件が東京を良くも悪くも縛っている。だとすると自動車で移動できる環境が何らかのかたちで整うと、東京のもうひとつのかたちが見えるのかもしれない——僕はそう考えています。

鉄道網を中心とした都市設計が、駅を中心とした商業施設や公共施設が集まり、比較的コンパクトな街になりやすいのに対し、一般的にモータリゼーションは都市を拡散させると考えられています。しかしこれは逆の発想もできるんじゃないか。東京のように肥大しきった街では、むしろ鉄道によって街が分断されている（地理が死んでいる）。そこで、車移動の利便性を上げることによって、逆に都市の拡散を防ぐ事ができるのではないか。

地理と文化が切断され、都市から建築へ文化のインフラが移動した現代において、僕たちの都市生活は「〜の街に行く」ではなく、「〜という建物に行く」という感覚が支配的になります。このとき鉄道網を基準に考えるとどうしても「〜の駅前＝街に行く」という発想になるけれど、自動車のアクセスなら「大きな駐車場のある××という施設に行こう」という発想に切り替えることができるわけです。

同じことがたとえば「食べログ」*などのレストランレビューサイトにも言える。「食べログ」はユーザーの何割かがGPS機能を搭載したスマートフォンを所有していることを前提にした、ユーザーの投稿するレビューを元に飲食店を探すことのできるサービスです。これによって外食文化と都市のコミュニティの関係は変化を余儀なくされている。つまり、これまでは良い店にアクセスしようと思うと、特定の業界に接続して、そのコミュニティに入っていって、密教的な回路を経なければたどり着けなかったわけです。ところが今は、そんな回路とは関係なしに、「食べログで3・5点超えてるからこの店に行こう」とピンポイントで出かけることができる。このサービスは日本の特に都市部の食文化を根底から変化させつつありますが、これは同時に僕たちの地理感覚の変化を代表するサービスでもあるでしょう。

僕はこの「食べログ」のもたらした都市感覚と、自動車移動を前提としたときに見えてくるもうひとつの東京の姿は強く結びついていると思います。車というのも、まさにカーナビによってピンポイントに移動するものです。カルチャーの担い手になりうる建築にみなが車でアクセスすることによって、今の鉄道網に支えられた東京とは別の都市生活は十分機能することになる。今の東京とは別の「裏東京」を——鉄道網の支える〈昼の世界〉の東京とは別の、自動車道路網の支える〈夜の世界〉の東京を考えることはできないか——。情報化の進行で、鉄道依存の強化で失われて久しい東京という街の地理感覚がこれまでとは異なるかたちで回帰してきているのではないか——。

この文章を書いているいま、僕は窓から鉄道網の止まった深夜の高田馬場の街を眺めています。そして、あたらしいホワイトカラー層が車を所有して湾岸に住む一方で、もう少し年収の低い層、もし一〇年早く生まれていたら中央線沿線を選んでいたであろう人たちや若い学生や労働者が、山手線の内側に徒歩と自転車で十分移動できるコミュニティをつくれないか、という未来の東京、「夜の東京」を夢想しています。

僕がこういったことを考えるようになったのは、仕事が忙しくなってタクシーでの移動が増えたのと、健康のために自転車に乗りはじめたことがきっかけです。鉄道で移動しているあいだは、東京という街の異常さを感じていても、なかなかそれを言葉にできなかった。しかし、こうして実際に道路を走ってみて、はじめて東京という街の異常さに気がついたわけです。

ちなみに自転車については乗りはじめて数カ月後に、iPodで音楽を聞きながら斜め横断したところ思いっきり自動車にはねられました。幸い、徐行している車だったので怪我も自転車の破損も軽微でしたが、それ以来怖くなって自転車に乗るのはやめました。僕は代々木警察署のお巡りさんからは「まったく同情の余地がないね」と告げられました。僕は一応言葉を、とくに議論的な言葉をあつかう仕事をしていますが、この国家権力の圧倒的に正しい指摘(というか、実に的を射た注意)の前に、まったく反論できなかったのを覚えています。みなさんも交通安全にはくれぐれも気をつけてください。

論点3

音楽消費とコンテンツの「価値」

†音楽ソフトはなぜ売れなくなったのか

二〇一二年六月の国会で、音楽などの著作物のいわゆる違法ダウンロードの厳罰化を含む改正著作権法が成立しました。

改正案が提出された背景のひとつには、CDの売り上げ低下の原因を違法ダウンロードに求める産業界（の一部）の考えがあるとされています。真偽は定かではないですが、こうした考えが送り手にも受け手にも存在感を示しているのは事実だと思われます。しかし、違法ダウンロードの厳罰化が、はたして問題の根本的な解決につながるのでしょうか。その答えは「否」です。

音楽ソフトや漫画雑誌の売り上げ減が、小中高生のお小遣いの使途が携帯電話などの通信費に変わったためだという指摘は以前からあります。だが、私見ではここで起こっている変化はもっと本質的なものです。そう、インターネットや携帯電話の普及（情報化の進行）はこの問題についておそらくふたつの変化をもたらしている、と僕は考えています。

ひとつはコンテンツをただ「受け取る」だけの快楽（映画を観る、本を読む、音楽を聴く）が中心だったポップカルチャーに、消費者の側が「打ち返す」「参加する」快楽を大

き く付与したことです。漫画、アニメ、ゲームなどのキャラクターのいわゆる「二次創作」はインターネットの普及で大きく加速し、まさに参加型コンテンツの代名詞であるボーカロイドがヒットチャートや通信カラオケのランキングを席巻している現象はその代表例でしょう。テレビ番組でもソーシャルメディア上の「実況」が盛り上がるか否かが、今、番組の訴求力を検討するひとつの基準として注目されています。

そしてもうひとつは情報そのものにつく「値段」がゼロ円に近づいていることです。情報化の進行は、飛躍的に情報（テキスト、音楽、映像など）を供給過多にした。その結果、情報の値段は限りなくゼロ円に近づく。テキストにせよ、音楽にせよ、映像にせよ、原則的にコピー可能なコンテンツ（情報）そのものに、人はお金を払う価値を感じない。価値を感じるとすればそれはその人（発信者、作家など）を「応援したい」という気持ちの表現に、です。人は入れ替え可能なものよりも、入れ替え不可能なものに対して相対的に価値を認めやすい。そのため一方で値上がりしているものがある。それは体験（コミュニケーション）に他なりません（ここ一〇年、CDの売り上げが落ちてもフェス*のたぐいが盛況なのはこのためです）。

そしてこのふたつの変化はともに、消費者の側から発信（コミュニケーション）する快楽こそが、今、価値を帯びており換金可能であることを示している。たとえば批判を浴びがちなCDに握手券や選抜総選挙の投票権を付属させる国民的アイドルグループの手法も、既存のソフトビジネスが行き詰まった結果、コンテンツではなくコミュニケーションを売る（この人を応援したい、という気持ちを表現することは気持ちがいいのでお金を払ってもやりたいと人間は考える）という発想が台頭してきたと考えたほうがいいでしょう。

楽曲それ自体はユーチューブの公式チャンネルでいくらでも聴くことができる。ここにはお金を払う「価値」は生まれない。しかしメンバーと「握手」して応援メッセージを「直接伝える」こと、総選挙に投票して彼女たちの芸能人生を「直接応援する」ことは、今ここで自分が参加しなければ成立しない。そしてそれを実行（表明）することは気持ちがいい。ここには間違いなくお金を払う価値が発生しています。

情報化が進行すると、コンテンツ（情報）自体ではなく、それを媒介としたコミュニケーションこそが価値を帯びる。これはコンテンツビジネスのあり方を根本から書き換えかねない、極めて大きく本質的な変化のはずです。したがってこの原則を理解することのない「著作権」談義にはほとんど意味はないでしょう。

†音楽の快楽をどう語るか

こんな話があります。僕の知人の若い映画監督（入江悠）*が、あるインディーズ作品（『SR サイタマノラッパー』*）が評価され、新宿の大きなシネマコンプレックスで、一日一回のレイトショーで上映されたことがあります。最初の何日かは客入りが好調だったのだけど、ある日まったく客が入らない日があった。何事かと思って調べてみると、その日同じシネコンでサッカーワールドカップの日本代表戦をライブ中継していたことがわかった。「いくらいい映画を撮っても、これでは勝ち目がないと思った。だってこの試合はその日しかやっていない。でも、僕の映画は明日もまったく同じものが上映されるんですから」と僕にこの話をしながら監督は苦笑していました。彼は「映画の敵はもう映画じゃないんですね」とも述べていました。妥当な認識だと思います。

そしてこの問題は、前述した音楽ソフトの消費形態の問題と相似形をなしている。現代の音楽市場は、アイドル、ヴィジュアル系*（V系）、アニメソング、ボーカロイドでおそらくはその五割以上が占められていると思われます。そして、これらの音楽は従来の音楽ジャーナリズムと音楽ファンから、楽曲に付加価値（キャラクターの魅力）を与えてソフ

シングルCDヒットチャート（2010〜2012）

2012

1位	AKB48『真夏のSounds Good！』	182万枚
2位	AKB48『GIVE ME FIVE！』	143.6万枚
3位	AKB48『ギンガムチェック』	130.3万枚
4位	AKB48『UZA』	121.5万枚
5位	AKB48『永遠プレッシャー』	107.3万枚
6位	嵐『ワイルドアットハート』	64.9万枚
7位	嵐『Face Down』	61.9万枚
8位	SKE48『片想いFinally』	59.2万枚
9位	SKE48『キスだって左利き』	58.7万枚
10位	SKE48『アイシテラブル』	58.1万枚

2011

1位	AKB48『フライングゲット』	158.7万枚
2位	AKB48『Everyday、カチューシャ』	158.6万枚
3位	AKB48『風は吹いている』	141.8万枚
4位	AKB48『上からマリコ』	119.9万枚
5位	AKB48『桜の木になろう』	107.3万枚
6位	嵐『Lotus』	62.5万枚
7位	嵐『迷宮ラブソング』	61.4万枚
8位	薫と友樹、たまにムック。『マル・マル・モリ・モリ！』	49.8万枚
9位	SKE48『パレオはエメラルド』	56.6万枚
10位	Kis-My-Ft2『Everybody Go』	44.1万枚

2010

1位	AKB48『Beginner』	95.4万枚
2位	AKB48『ヘビーローテーション』	71.3万枚
3位	嵐『Troublemaker』	69.8万枚
4位	嵐『Monster』	69.6万枚
5位	AKB48『ポニーテールとシュシュ』	65.9万枚
6位	嵐『果てない空』	65.6万枚
7位	嵐『Lφve Rainbow』	62.0万枚
8位	AKB48『チャンスの順番』	59.6万枚
9位	嵐『Dear Snow』	59.1万枚
10位	嵐『To be free』	51.6万枚

（参考：オリコン）

ト販売を伸ばしている、と批判されることが多い。そしてこの批判はこれらの音楽の楽曲への批判にまで結びついている（先日も、有名な音楽雑誌の元編集長が「アイドルの楽曲にはソウルやアティチュードを語れない」と発言し、逆にその狭い見識が批判を集めていました）。

おそらく、アイドルやV系バンドの楽曲だけを単体で批評して、いい／悪いを論じることにほとんど意味はない。この種の楽曲はアイドルやバンドメンバーの（生む快楽の）キャラクターを消費する総合的な体験の一部でしかなく、だとすると楽曲がその体験の中でどう作用しているのかを論じるという視点がないと意味がないことになる。同じことがアニメソングやボーカロイドの楽曲にも言える。たとえば「初音ミク」などのボーカロイドの楽曲は今や、小説、イラスト、漫画などの二次創作を生み出していますが、こうした二次創作への欲望を喚起するインターフェイスとしてのボーカロイド曲、という側面をとらえることなく、その楽曲のみを、しかも従来の音楽批評の手法で論じることにはほとんど意味がないのではないかと思います。

情報環境の変化は「聴く」という体験を大きく変えている。そして人間と音楽との関係性をも大きく書き換えている。こうしたキャラクター的音楽の存在感の爆発的拡大は、この変化を背景にしているものです。しかし残念ながらオールドタイプの音楽消費に親しんでいればいるほど、この変化に鈍感な人が多いのが現実です。そして僕はこういった二〇世紀的な「音楽」観を絶対視して、現代のキャラクター音楽が主流となった音楽市場を批判する人たちや、彼らの薦めるものにあまり興味をもつことができません。それは「聴く」という体験を、自分たちの世界観を壊さないためにものすごく狭くとらえているようにしか思えないからです。

これは余談ですが、僕が中高生くらいの頃までは、サブカルチャーが好きということはそのまま音楽が好きということを意味していました。洋楽を中心とした音楽が王様で、映画や漫画や小説はそのサブジャンルというイメージだったと言えるでしょう。

けれど、僕が社会人になるころにはインターネットカルチャーやオタク文化が文化好きの若者の関心の中心になっていき、音楽は玉座から転がり落ちていった。この変化の背景には単なるジャンルの流行りすたり以上の、大きくて決定的な変化、人間と情報との関係の変化があることを忘れてはならないと思います。

†カラオケとJ-POP

おそらく、こうした行き違いの原因を考える手がかりは「カラオケ」にあります。日本では九〇年代に通信カラオケが普及し、安価で敷居の低い娯楽として瞬く間に定着しています。そして、「情報化」という観点からこの「カラオケ」というものを考えてみるとなかなかおもしろい。

まずカラオケは第一に主旋律、つまり楽曲の「歌」の部分を演奏する（歌う）「音ゲー*（音楽ゲーム）」であり、二次創作のゲームです。『ビートマニア』*や『太鼓の達人』*などの音ゲーの場合、ギターやドラムなどをプレイヤーが主旋律に合わせて演奏するゲームになっているのですが、カラオケの場合、主旋律を自分の喉で演奏する（歌う）「音ゲー」です。そして同時にオリジナル、すなわち歌手の歌う楽曲を自分の声で歌う二次創作的快楽を追求するゲームでもあります。

この通信カラオケの普及と同時に進行したのが、日本歌謡曲のJ-POP化です。一般的にJ-POPという呼称は、FMラジオ局がちょうど昭和の終わりごろ、一九八九年にイメージ戦略として打ち出して、そして定着したものだと言われています。ちなみにこの年にはB'z*、ドリカム*（DREAMS COME TRUE）、リンドバーグ*などがデビューしています。これから九〇年代末まで、これらJ-POPはテレビや広告の宣伝力を背景に大きく売り上げを伸ばしていきます。

ここで重要なのがこの時期「同性が同性の曲を以前より買うようになった」ことです。それはなぜか。答えはもちろん「カラオケで歌う」ためです。これらJ-POPを当時のマニアックな音楽ファンたちはよく商業主義的でつまらないと批判します。たしかに彼らにはそういう側面があるように見えていたのかもしれない。しかし、ここにはもっと根源的な行き違いがあるように思える。それは端的に述べれば「聴いていい音楽」と「歌って気持ちのいい音楽」とは違う、ということです。

考えてみると、歌謡曲を主にソフトで聴いて楽しむ、という文化は一〇〇年も歴史がない。それ以前の音楽は圧倒的に自分で演奏して楽しむものだったし、何か特別な場所に聴きに行くものだった。楽曲という作品だけを単体で楽しむような形式が主流になったのはこの何十年かのあいだだけです。そもそも再三述べてきたように音楽を「聴く」という体験はもっと総合的なもののはずで、レコード文化以前は祝祭的な場所での体験、コミュニケーションの一部として消費するものだったはずです。こうして考えてみると、音楽ソフトの消費を前提として楽曲のいい/悪いを判断することに、ほとんど意味はないことがわかる。そして、CDが売れなくなったその理由もかなり明確に浮上してきます。

もちろん、二〇世紀的なソフトビジネスに適応した音楽にも素晴らしいものがたくさんあるのは間違いない。しかし、かつての基準で、今の国内音楽市場で支持されている音楽(を用いた)コンテンツの快楽について考えることはできないのだと思います。二〇世紀的なソフトビジネス＝「音楽」を所有する快楽から、「聴く」という行為を含む総合的な快楽の提供へ。この変化は〈昼の世界〉の音楽消費から〈夜の世界〉のそれへの変化、と言えるのかもしれません。

ちなみに、僕はここしばらく、ある事情からたいていの音楽ファンの何倍もCDを買っています。

論点4

情報化とテキスト・コミュニケーションのゆくえ

†おぢいさんのランプ

今さら強調することでもありませんが、現在僕たちを取り巻くメディア環境は大きく変化しつつあります。もちろん、あたらしい技術は必ずあたらしい問題を引き起こす。淘汰されゆくものだけが持つよさもあるでしょう。しかし僕は実のところ「電子書籍の波がやってきた後も残るであろう紙の本のよさ」とか「インターネット時代にも残るマスメディアの役割」といった旧マスコミ業界人が大好きな「いい話」に、心のどこかで冷淡になってしまうところがあります。

もちろん彼らの「いい話」は正しい。だがその正しさは、何かもっと本質的なことを隠蔽するために必要以上に強調されているように思えます。

実はこの種の問題を語るときによく引用される童話があります。それは新美南吉*の童話『おぢいさんのランプ*』です。これは日露戦争のころ農村にランプを普及させて成功した男の物語です。ある日、村に電気を引くことが決まり、主人公の営むランプ屋は存亡の危機に立たされます。行政を逆恨みした主人公はなんと区長の家への放火を試みるのですが、そのとき火打ち石でなかなか着火することができず、焦って独りごちるのです。マッチを持ってくればよかった、火打ち石のような古いものはいざというときに役に立たない、と。そしてここで主人公はハッとします。古いものはいざというときに役に立たない——自分が間違っていたことに気づいた彼は、泣きながら在庫のランプを自らの手で割って、廃業を決意することになります。

そして、僕の考えるこの童話の白眉はそのエピローグです。時は下り昭和一〇年代、ランプ屋を辞めて街で本屋を営むようになった主人公はその孫に自分の体験を語ります。このエピローグから浮かび上がってくるのは新美の「知」への信頼です。主人公がランプ屋を廃業した後、本屋になったのは、おそらくどんなに時代が移ろって、ランプが電球になり電球が蛍光灯になったとしても、言葉を通して知を共有する文化は変わることがないという確信があったからだと思います。

新美のこの確信を僕は支持したい。しかし新美が強く信じていた文化のかたち、つまり人間と知(を伝達する情報)との関係は、彼が想像したであろうものよりも圧倒的に速く、そして決定的に変化しています。もちろん古いメディアの役割は今すぐゼロにはならない。しかし少なくとも「このまま」ではいられない。そして「俺たち旧メディアだからこそできることがあるんだよ」といった「いい話」たちの何割かは確実に、この現実から目を背けるためにささやかれている。だとすれば、そんな「正しい」話たちは別の次元では害悪としてしか機能しないでしょう。

エピローグでさらに彼は告白します。実は電気が村に通った後も、ランプの需要そのものは決定的にはなくならず、続けようと思えばランプ屋は継続できたのだ、と。しかし、それでも彼は廃業した。なぜか。それはランプが彼にとって文明開化の象徴だったからです。だからこそ彼はランプが時代を象徴する力を失うと同時に廃業したのです。そして僕は思います。時代を切り開き、本当の意味で文化を守り育てるのはこうした知性に他ならない、と。

†日本語が亡びるとき?

前述の通り、この『おぢいさんのランプ』は電子書籍をめぐる議論でよく引き合いに出される童話です。しかし僕はこの童話で描かれているような、技術革新がもたらす社会の変革はいま、日本の文字文化についてはより本質的なレベルで進行していると考えています。それは紙の本がなくなって電子書籍にとって代わられる、という表面的なレベルの変化ではない。

たとえば今流通している日本語の、いわゆる「四六判（約一三〇×一八八ミリサイズ）」の本はどういうものかと言うと、一冊一〇〜一五万字を、だいたい約一万字の章に分けて読ませているものです。一文の文字数は大体一〇〇〜二〇〇字くらいでできていますが、実のところこの形式と規模はほとんどなんの合理性もなく決まっているものです。この日本語の散文の形式はおそらく、明治期の知識人が外国語の翻訳作業を通して現在の日本語をかたちづくっていった頃にその原型が生まれ、その後の出版事情の変化の中でマイナーチェンジを繰り返してきたものだと思われます。そして、現在のこの日本語の本と散文の形式を定めているのは、出版社の制作コストや書店での陳列ルールの慣習です。こうしたものを基準に本の大きさやページ数、ひいては文章量やその区切り方が決まっている。これが意味するところは何かというと、前述の日本語の形式は特に人間が生理的に理解しやすい形式でもなければ、リズムでもなければ、分量でもない、ということだと思います。少なくとも、そのために最適化されてきたものではない。

たとえばツイッターでフォロアー数が一〇〇人くらいの人は、ほぼタイムラインの投稿を全部読んでいることが多いはずです。仮にひとり一日二回つぶやいたとした場合、一日にこれを全部読むと最大二万八〇〇〇字になる。こうして考えてみると活字離れなんて嘘で、日本人は三日か四日で一冊分くらいの活字を読んでいることになる。もちろん、同じ書き言葉でもソーシャルメディアの言葉と本の言葉はまったく違う。けれど、今の日本語の本で支配的な散文の形式やその切り分け方が、人間に文字情報を通じて何かを伝えるときにどれくらい適しているか考え直さないといけない時期に来ているのは間違いない、と僕は思います。なぜならば、技術的にそれが可能になっているからです。それは出版文化だけではなく、僕たちの書き言葉によるコミュニケーションや教育すら変えうるものでしょう。

単純に考えて、ここ一〇年余りの情報化の進行は人間と「言葉」との関係を大きく書き換えています。デジタル化で「紙の本」というものの存在意義が大きく揺らいでいるのはもちろんのことですが、僕はもっと本質的な変化が現代には起こっていると考えています。

有史以来、人間がここまで日常的に書き言葉でコミュニケーションをとっている時代はない。たとえば僕たちは携帯のメールやライン*(LINE)で連絡をとりあい、ブログやツイッターやフェイスブックに日々の雑感を記している。この一点をもってしても、現代における情報化の進行は人類の文化そのものを大きく変化させようとしているはずです。僕たちは「言葉」というものとのかかわり方自体を否応なく問い直す時代に生きていて、その大きな変化のあくまで一部分として本や雑誌の問題がある、と考えたほうがいい。

その意味では、これまでの本は「本という形式が得意とする領域」以上の役割を負わされていたと思います。たとえば知識や技術の伝達、政治的主張、宗教の布教活動、共同体の神話や物語の保存など、これまでの本は多くの役割を担ってきました。そうした目的で、人間が他者のまとまった考えに文字情報で接することを求めた場合、長いあいだ本を読むということ以外に手段がなかった。しかし現在は本を読むこと以外に、情報に触れるための回路がたくさん登場していて、必然的に本それ自体が機能面を含めた更新を迫られている。するとこれまでの形式の本というのは、本という形式を愛する趣味人のための骨董品のようなものになっていく可能性が高い。しかし、かつて本が担っていた快楽や人に与える知的興奮、社会的な効果などは必要とされることに変わりはない。人間と情報の関係が大きく書き換えられてしまった今、どのようなものに乗せて人に届けられるべきかということを考える必要があるでしょう。

たとえば知識取得の手段をゲームとして捉えると、これまでは自分の外に本をいくつ積み上げるかというゲームだったのが、今ではネットワーク内の膨大な情報から何を切りだしていくべきか、というゲームに変わってしまった。その時に「お前ら、ちゃんと本を読め」というのはあまりに無意味です。そうではなく、かつて本が担っていた機能を更新させる方法を考えないといけない。

極端な話、生まれた時からネットワークにつながっている人間が多数派となり、彼らが吐き出した言葉がネット上に自動的に集積されていく環境が所与のものとなったとしたら、集積された情報にアクセスするための検索ツールさえあればよい、という状態も十二分に想定し得る。今まで書き言葉とは基本的に自分の外側にある特別なもので、それを本というパッケージングされたものを通して摂取してきた。そのため、それを積み上げることが教養を得ることであり、成長だと考えられてきたわけです。しかし今の僕たちはすでに、言葉や教養、知識体系などさまざまな情報ネットワークに接続されているため、個々の情報をどこで区切るかのほうが問題になっている。つまり、これまでの人間と情報の関係がほぼ逆転していることになります。

†ゲーミフィケーション化する社会

たとえば二〇一二年にゲーミフィケーション*という言葉が流行語になりました。これは僕の友人の研究者(井上明人*)などが紹介し、日本でも普及しはじめている概念で、人間工学や行動経済学、社会心理学などを応用して、物事を「ゲーム」にする（モチベーションを上げる、我慢の苦痛を緩和する）ことにより、学習や動員の効率を上げる手法です。マニュアルを読むことなく複雑な操作を直感的にこなすことのできるユーザーインターフェイスから、物語や運動への効率的な没入まで、僕たちがこれまでコンピューターゲームで追求してきたさまざまなテクニックや手法は、いま情報技術の発展で社会構造の中に実装されつつあり、その一部がゲーミフィケーションという名で呼ばれています。海外では行政の不正調査や選挙運動などで、このゲーミフィケーションの応用例が知られています。

私見ではものごとをゲームに見立てることで人間を対象に没入させ、効率化を図るという発想はとくに現代特有のものではなく、人類史に連綿と受け継がれてきた発想です。しかし今日の人類社会でこのゲーミフィケーションという言葉が流行語と化すことには、相応の理由があると僕は考えています。それは、情報技術によるコミュニケーションの可視化です。

これまで人間間のコミュニケーションは不可視のものとされてきた。「空気」や「雰囲気」といった言葉で人と人とのあいだにあるもの（特に社会制度化されていないもの）は表現され、それをコントロールする属人的な能力は「人間力」とか「コミュニケーション力」というあいまいな言葉でブラックボックス化されてきた。こうした概念は見ることができないために、非常に文学的でどこか曖昧で、それゆえに神秘化されてきたところがある。

けれど、こうしたものが今ではかなりの程度可視化できるようになっていると言えます。たとえばソーシャルメディアは人間関係の相関図はもちろん、それまで場の「空気」とか「雰囲気」とか呼ばれていたものまで可視化している。それこそフェイスブックの「いいね！」ボタンというのは人間の行為を数字として相手に伝えるものとして機能しているわけです。

†可視化されるコミュニケーション

こうした変化は思想的にとても大きな問題提起につながると僕は考えています。

たとえば、二〇世紀までの思想や哲学は「他者」に開かれていることが大事だと、ほとんど傷がついたレコードのように繰り返してきた。でもこのときの「他者」は、文学や思想のジャンルではよく出てくるマジックワードです。先ほど例に挙げた「人間力」や「コミュニケーション力」とあまり変わりません。

だいたい「他者への開かれた態度が大事だ」というときに、その「他者」って「開かれた態度」って具体的に何？　って論理的につきつめると誰も説明できない。せいぜい「意識を高く持って寛容であれ」みたいな誰にでも言える当たり前のことに着地するか、「他者」も「開かれた態度」も人間の知性には到達できないものなんだ、でもそれをあきらめずに祈り続けることが大事なんだ、という入り組んだロジックになってしまう。そして実のところ後者は前者を詳細に言いなおしているだけで、実はやっぱり「意識を高く持って常に寛容であるように気をつけろよ」くらいのことしか言えていない。それって「松井秀喜の魅力は何ですか」と尋ねられて「バッティングです」と胸を張って答えるようなもので、実は何も言っていない。

じゃあ、どうすればいいのか。僕はこの問題を考える大きな手がかりが、ここで紹介したゲーミフィケーションの背景にある、現代の情報技術にあると思います。前述したようにインターネットが僕たちに何を証明したかというと、「空気を読む」とか「他者に開かれる」といった人間のコミュニケーションのかたちは、今までは「見えないもの」「記述できないもの」だからこそ、マジックワードとして便利に使われてきたのが、ログ（記録）というかたちで「見えてしまう」「書けてしまう」ものになったということです。これはあくまで一例です。要は今まで「見えなかったもの」「計測不可能だったもの」が、「見えるもの」「計測可能なもの」になると人間観や社会観が結構変わってしまうということです。

もちろん、それは意識の高く、文学的に繊細な精神状態に人間を導くものではない。もっと人間の快楽原則にのっとった、即物的なものです。たとえばフェイスブックで「いいね！」がほしくてネガティブな内容の投稿をしなくなる、あるいは自分の好きなものを他人に薦めることは気持ちがいいので、アマゾンなどのECサイト*の評価システムが消費者自身の情報発信によって自動的に活性化する、といったかたちで進行していくことになる。だから「他者に開かれよ」という「リベラルで寛容な態度」も、人々に（究極的には根拠を示せない）高邁な思想や文学的な修辞をこらした言葉を注入して動機づけるよりも、人間工学や大脳生理学、行動経済学などのノウハウを注入しながら、コミュニケーション環境や情報環境によって設定するほうが確保しやすいのではないか、と考えることもできる。

たとえば以前、僕がその下で仕事をしていた哲学者（東浩紀*）は「動物化」という言葉でこのあたらしい人間観を位置づけ、それに基づいた社会構想や民主主義のモデルを意欲的に提唱し、今日に至るまで議論を呼び続けています。近代的な規律訓練を受けた「市民」ではなく、「動物」的な人間像に基づいた環境管理を社会設計に導入することで、近代市民社会の限界を補完する――東の影響下から出発している僕や濱野智史といった後続世代は、対して「市民」と「動物」に引きさかれた人間観の統合を考えようとしています。

ここで序章で論じた「中動態」という概念を思い出してください。二〇世紀までは、社会制度もメディアも、「市民」的なものか「動物」的なものとしてしか人間像を想定できなかった。だから民主主義も熟議とポピュリズムでバランスをとる、という発想の二院制でできているし、映像メディアも能動的な観客を対象にした映画と、受動的な視聴者を対象にしたテレビが二〇世紀を席巻した。

けれど、たとえばインターネットはそのどちらでもない中間の状態にも柔軟にアクセスできるし、さらに映画よりも能動的に、テレビよりも受動的に接することができる情報技術が進化して、「市民」でも「動物」でもない人間本来の持っているものにようやくアクセスできるようになった。これはおそらくメディアだけの問題ではないはずです。つまり現代の情報技術を背景にしたあたらしい人間観は、「人間」そのものへのアプローチを可能にしつつある、と考えてみてはどうでしょうか。現代のテクノロジーは情報を一方向のものから双方向のものに変化させた（物語からゲームへ）、そしてさらに「市民」（能動的主体）／「動物」（受動的主体）といったふたつの極端な人間像を設定するのではなく、「人間本来の姿」（中動的主体）に直接アプローチすることを可能にしているのです。

†人間と世界のあたらしい関係へ

私見ではゲーミフィケーションの本質は動機づけや効率化にはありません。むしろ、ある種の人間観を徹底的に解体し、更新してしまうところにこそ、その本質はあります。現代において情報技術の進化によって人間とメディア、人間と情報、人間と国家や社会システムとの関係性、結ばれかたが変化してきている。この人間と世界とのあいだのあたらしい関係性を考えるときに「ゲーム」という発想が有効になってきている、ということに尽きると思います。

たとえばコンピューターゲームの歴史とは、手段と目的のあいだを攪乱するシステムを洗練する歴史だったはずです。どんなゲームも、少しバランスが狂うと「ゲームのためのゲーム」に、つまり「作業ゲー」になってしまう。これをどう回避するか、という戦いをゲームクリエイターは続けてきた。ゲームというのは、究極的には手段と目的のバランスに介入して、イコールに近づけることで快楽を生むものです。つまり、ゲームを攻略することは手段であると同時に目的でもある。RPG*をプレイするとき、レベル上げやアイテムの探索自体がおもしろくなければならない。これがゲームというものの本質のひとつに他ならない。

二〇世紀の左翼が行き詰まったのは、個人と世界の結びつき、つまり社会を物語的に考えることの限界にぶつかったからだと僕は考えています。物語は語り手と受け手が完全に切り離されている。たとえば社会運動ひとつとっても、動員する側とされる側にはっきり分かれてしまうし、手段と目的にはっきりと分かれていないといけない。だから世の中が物質的に豊かになって、自分探し的な動機をもつ人しか動員できなくなると途端に行き詰まってしまった。この種の人はたとえば原発を止めることが目的なのではなく、本来手段であるはずのデモをすることが目的なので、戦略的な行動がまったく取れないし、そもそも取る動機がない。今の社会観だと、手段と目的を混同するとうまくエンゲージできない。しかし、変えるべきはここではないか。

僕が学生時代耽溺していた評論家(大塚英志*)が、イラク戦争の頃こんなことを書いていました。曰く「おたく」的なサブカルチャーに耽溺していられるような平和で豊かな日本を守るためには（個人的であるためには）、戦後民主主義者でなければならない（公共的でなければならない）——。しかし、大塚がこの時点（二〇〇一年）で、こうしてアジテーションしなければならなかったように、現代日本においてこの回路（「戦後民主主義」という文化的回路）は破綻している、と僕は考えます。

たとえばアメリカを中心に展開されている、サイバー攻撃をする匿名集団「アノニマス」などに代表されるハクティビズム*という運動があります。これは、個人が自由に欲望を追求している（動物的に反応している）と、いつの間にか（市民としての高い意識を持って）公共的な振る舞いをする、という「アイロニカルな大きな物語」を用いた回路です。国家からの自由、各々の独立心を追求する一見アナーキーな思想が、こうして自己責任と自己決定の精神を追求することそれ自体がアメリカの精神である、という建国の物語が作用した結果公共的なものに変化する。だからハクティビズムのようなものはアナーキーであるがゆえに公共的なものに接続し得る回路として機能するというわけです。「アイロニカルな大きな物語」が社会に機能していれば、こうして評論家に啓蒙されてはじめて「なるほど、私も戦後民主主義者としてがんばらないといけない」と反省する（必要がある）

人間などそもそも発生しないはずなのです。大塚の啓蒙への意思は、この「アイロニカルな大きな物語」という本来自動的に働いて、結果的に公共性を形成して行くという回路が死んでしまったことを理解しているがゆえの焦りの産物でしょう。

そして、こういう「アイロニカルな大きな物語」という回路を人為的に埋め込もうとしたのが、おそらく日本の戦後民主主義だと僕は考えています。憲法九条が象徴する戦後民主主義の精神が、国民に国家に対して常に疑念を抱くことを要求する。徹底して国家に対して疑念の目を向け、常に個人的であることを優先することが、決定的な敗戦とその反省から出発した戦後民主主義の精神を実践することで公共的なものにつながる。日本の戦後民主主義とは、こういうアイロニカルな物語装置だったはずです。しかし結論から言えば、そんなものはまったく機能しなかったことが戦後七〇年近くたってはっきりしている。

今日においては、マスメディアを用いた大きな物語の共有(二〇世紀前半)も、戦後民主主義のような大きな物語のアイロニカルな活用(二〇世紀後半)も、現代の肥大し、複雑化する社会においてはもはや十分に機能しなくなっている。その代表が現代の日本社会です。したがって、現代社会を捉えるにはソーシャルメディアを前提とした大きなゲームともいうべきモデルについて考える必要がある——僕はそう考えています。これはとてつもなく大きな仕事で、おそらく膨大な時間と労力がかかる。間違いなく、僕一人の力では不可能でしょう。なので、僕はこれから仲間を集め、場を用意して資金を集め、ある種の文化運動としてあたらしい社会の構想をつくっていきたいと考えています。なんだか壮大な話になってしまいましたが、実践としては地道に、じっくりと展開していくつもりです。

それにしても『おぢいさんのランプ』の主人公がはじめた本屋はまだ残っているのでしょうか。このおじいさんが自分の体験を語って聞かせた孫は今八〇歳くらいになっている計算になりますが、彼が思い余ってアマゾンの倉庫に火をつけに行ったりしていないだろうか、僕はとても心配です。たぶんそんなときに限って彼の車のカーナビは故障してしまうのだと思います。彼は仕方なくコンビニで紙の地図を買ってきて、狭い車内で広げる。暗い車内で老眼を酷使しながら、必死に現在位置がどこかを探ることになる。そしてきっとこうつぶやくのです。「紙のような古いものはいざというときに役に立たない」と。

論点5

ファンタジーの作用する場所

†あの夏の日、特撮博物館にて

円谷英二が始めた日本の特撮は、精巧なミニチュアで作られた町や山や海を舞台に、怪獣やヒーローやスーパーマシンたちが活躍し、見る者をワクワクさせてきました。しかし現在、特撮は、デジタル技術の発展と共に形を変え、その価値を見直す岐路に立たされていると言えます。(中略)本展覧会は、特撮のこうした状況を何とかしたいとかねてから考えてきた庵野秀明が、「館長」となって「博物館」を立ち上げた、というコンセプトのもとで開催します。

(「館長　庵野秀明　特撮博物館*」東京都現代美術館公式ホームページより)

展示の初日に行こう、と決めていました。一カ月以上前からスケジュールを空けていました。特典つきの限定三〇〇〇枚チケットをコンビニエンス・ストアで予約して、指折り数えてこの日を待っていました。二〇一二年七月のこの週は息抜きしよう、遊ぼうと心に決めて、この日を待っていたくらいです。

実を言うと、その日まで僕はひどく落ち込んでいました。理由は他愛もないことです。

その前々日の日曜日、僕は国際展示場で催されたあるアイドルグループの握手会でちょっとした失敗をしてしまっていました。握手のスケジュールを甘く見積もっていて、時間内に複数のメンバーのブースを回ることができずに握手券を二枚も無駄にしてしまったのです。まったく同情の余地のない、完全に自己責任の失敗です。他の誰かのせいでもなければ、格差社会やグローバル資本主義のせいでもない。強いて言うなら僕の見積もりが甘くなったのは、僕も運営側も予測できなかったレベルでの混雑です。予想外の数のファンが殺到した結果、会場で小さな混乱が起こっていたのだ。僕は正直、落ち込んだけれどその一方であの空間に満ちていた混沌とした圧倒的な力には、やはり何かを期待させるものを感じていました。

そして訪れた七月一〇日、僕は朝の九時過ぎには家を出て、タクシーを捕まえました。神保町の交差点で、徹夜で仕事をしていたらしい友人を拾って清澄白河に飛ばしました。すでに会場は混雑していて、平日の昼間、それも午前中にどこから湧いて出たんだろうというくらい、そこには大人たちが、いや「おおきなおともだち」がいっぱい集まっていました。平均年齢も高くて、三三歳の僕はあの中ではたぶんかなり若い方だったと思います。僕らはそんな状況がもたらす奇妙な居心地に少し戸惑いながら、この博物館の奥へ、奥へと入っていきました。

†世界の終わりと戦後的想像力の「終わり」

特撮*の歴史とは、戦後日本の精神史でもあります。『ウルトラ』シリーズ*の生みの親として知られる「特撮の父」円谷《つぶらや》英二*は独自の特撮技術を開発し戦前から映画界で活躍していましたが、その技術を政府に評価され戦時中は当時所属していた東宝の社員として数多くの戦意高揚映画の制作に関わりました。後に円谷が怪獣映画などで駆使する特撮技術の多くが、この時期の戦意高揚映画の制作の中で培われたと言われています。そして終戦後、公職追放で一時期東宝を追われた後に復帰し、戦争映画などの特技監督を務めました。そのかたわら、日本初の本格特撮映画『ゴジラ』*を発表し、国内に「怪獣映画」というジャンルを確立することになります。

広く知られているように、怪獣ゴジラはアメリカの核実験によって怪獣に変異した古代生物で、一九五四年の公開当時、東京を焼け野原に変えるその襲撃は空襲の再来として受け止められました。その来歴から明らかなように、円谷的な想像力とは少なくとも「政治の季節」と呼ばれた六〇年代までは国家や軍隊といった大文字の「政治」性と密接な関係をもち、そこで描かれる巨大なもの（怪獣など）による都市破壊は、国家による暴力――つまり戦争による社会破壊が重ね合わされています。

たとえば『ウルトラマン』（一九六六～六七年）、『ウルトラセブン』（一九六七～六八年）の二作は、サンフランシスコ体制*の比喩として繰り返し読解されてきた歴史があります。すなわち高度成長期の日本の街並みを襲う怪獣や宇宙人は東側諸国の侵攻軍であり、それを撃退すべく組織されながらも見るからに戦力不足の「科学特捜隊」や「ウルトラ警備隊」といった防衛組織は日本の自衛隊、そして防衛組織に代わって侵略者を退治してくれるウルトラマンやウルトラセブンは在日米軍、という見立てになります。

二〇世紀という「戦争の世紀」の表舞台で活躍した、国民国家による暴力装置＝軍隊へのおそれと憧れが複雑に入り混じった感情が、子ども番組という不自由な枠組みに軟着陸したときに生まれた奇形的な想像力――それが戦後日本のミニチュア特撮の本質です。それは強大なものへの憧れと、それをストレートに表現することを許してくれない敗戦の傷跡――自分たち日本こそが悪の侵略者だったという歴史の呪縛――が複雑に絡み合うことで生まれた、永遠の「一二歳の少年」の自画像です。怪獣映画やウルトラマンはあらゆる意味において戦争映画のアイロニカルな代替物＝ミニチュアであった、と言えるでしょう。

そして戦争映画の代替物として発展した戦後怪獣映画は、戦後社会の変化とともにゆるやかに終焉していきました。それは奇しくもミニチュア特撮という文化の勃興と衰退の歴史に重なります。二一世紀の日本の「特撮」の主流はむしろチャンバラ劇の流れをくむ東映系の等身大ヒーロー――『仮面ライダー』*シリーズや『スーパー戦隊』*シリーズで、怪獣映画の類の人気は下火になって久しいものがあります。これらの番組においてはいわゆる「殺陣《たて》」を中心としたアクションが中核にあり、ミニチュア特撮は補助的な要素でしかありません。物語的にでも、一九七〇年代の勃興期から、怪獣映画や『ウルトラ』シリーズが否応なく孕《はら》んでいた戦後的政治性の呪縛から解放された、自由で政治性の希薄な、痛快娯楽劇が展開されることが多かった。

すなわち冷戦が終結し、戦後的な社会構造がゆるやかに解体されてゆく中で、戦後的な政治性に強くその精神性を依存していたミニチュア特撮は、技術的にも物語的にも衰微していくことになったわけです。そしてその衰微があったからこそ、これらの文化の「遺産」は博物館に収められることになった、と言えるでしょう。

展示のクライマックスは、庵野秀明*と樋口真嗣*による短編映画『巨神兵東京に現わる』*でした。宮崎駿の映画/漫画『風の谷のナウシカ』*に登場する巨大人型兵器「巨神兵」が現代の東京に襲来し、街々を一瞬で灰燼《かいじん》に帰するその過程を、今失われつつあるミニチュア特撮技術の粋を凝らして撮影した九分間の短編映画です。

半世紀以上の時間をかけて積み重ねられ、伝えられてきた技術を惜しみなく投入したその映像は、特撮ファンの僕のひいき目を差し引いても、最新のコンピューター・グラフィックス技術を駆使したハリウッド映画と比べても遜色がないように見えました。

その日、巨神兵のフィギュアと図録を買い込んで帰路についた僕たちは、たまたま目についた森下のさくら鍋屋さんでちょっと贅沢なランチを楽しみ、デザートにはその近くの氷屋さんに小学生と一緒に並んで店の前のベンチに腰を下ろしました。真昼の真っ白な太陽の下で山盛りの氷イチゴを食べました。まだ午後の早い時間だったけれど、いい一日だったと思いました。素晴らしい展示だったし、素晴らしい映画だった。

でも……崩れ落ちそうになる氷の山をストローでつつきながら、同行した友人が遠慮がちに述べたのです。「展示も映画も素晴らしい。あの映画の映像で用いられていたミニチュア特撮もすごい職人技だと思う。しかし上映直後、隣に座ってた中学生くらいの女の子が『CGみたいですごいね』と感想を漏らしたのを聞いたか」と。僕はいや、それはそうかもしれないけれど、あの映画の魅力はそういうところにあるんじゃないんですよ、と力んで反論しようと思ったけれど、やめました。冷たく、舌に刺さるような氷の感触を味わいながら、僕は別のことを考えていました。僕はその日の濃密な体験を反芻しながら、同時にかつて自分が大好きだった、憧れたものが完全に過去のものになってしまったことを改めて思い知らされていたのです。

『巨神兵東京に現わる』を観ると、そこに描かれた二〇世紀後半的（冷戦期的）な終末観がすでに過去のものでしかないことを痛感させられます。映像に添えられた舞城王太郎*の「詩」を、林原めぐみ*が読み上げることで語られる終末観（ある日、空から巨大なもの＝核兵器が降ってきて、世界が一瞬で終わる）にせよ、スタッフたちがメイキングで語る「こんな時代だからこそミニチュア特撮を」という自意識＝アイロニーにせよ、すべてノスタルジィとしてしか機能しないことを（おそらくは企画製作者が意図した以上に）改めて思い知らされてしまう。

福島の原子力発電所の問題ひとつとってもそれは明らかでしょう。人類の傲慢＝核の力が僕たちの世界を変えるとき、それはかつて冷戦時代に夢想された核戦争のように（そしてこの映画で描かれた巨神兵の襲来のように）一瞬ですべてをリセットするのではなく、何十年もの時間をかけてゆっくりと、蝕むように少しずつ日常の中から僕らの世界を変えていく。あるいはどれほど作中で「いま」の東京をミニチュアで再現し、シナリオに携帯電話の出てくるシーンを組み込んだとしても、その一方で電柱や東京タワーといった「昭和」的アイコンの力を借りなければ彼らは表現を構築できない。

この映画はコンセプチュアルであるがゆえに、二〇世紀後半的（冷戦期的）な世界観／終末観と、ミニチュア特撮の育んできたアイロニカルな想像力では（物語的にも手法的にも）現代を描くことができないことを決定的に告白してしまっている。怪獣映画もミニチュア特撮も戦後的アイロニーも二〇世紀後半的（冷戦期的）な終末観も、すべて過去のもので、もはやノスタルジィしかもたらさない。だからこそ、これらは博物館で展示されるものに相応しい。そこには過去しかない。よって今やそれは誰も傷つけない。安全な表現だからだ。冷戦下に育まれた「世界の終わり」のイメージ、そして戦後的想像力はいよいよ「終わり」を迎えてしまったのだ、と僕は確信しました。とくに「あの日」からは。

†「反現実」とファンタジー

僕たちは世の中を理解するときに、現実の世界には存在しないものを意識することでそのイメージをつくりあげています。

たとえば、「東側諸国には理想的な社会主義国家が誕生し得る」と考えられていた冷戦初期は、ここ（当時の日本と西側諸国）には存在しない「理想」の国家や社会を基準にこの「現実」を理解する、という思考を取る人が多かった。「今のこの日本の社会（の現実は）『理想』のものと比較して〜だ」という具合に思考するわけです。これは社会学者の見田宗介*や、その弟子の大澤真幸*によって提唱されている時代区分の背景にある思考法です。この「現実には存在しないもの」（反現実）に注目するところがポイントです。

その時代区分だと、敗戦から六〇年代半ばまでが「理想と現実」という対比で世界像を結んでいた「理想の時代」。「理想」というのはアメリカ的民主主義やソビエト的社会主義が該当します。

そしてマルクス主義や戦後民主主義の理想が破壊されたあとの六〇年代後半から七〇年代初頭まで、いわゆる全共闘の時代が「夢の時代」です。現実の世界に望むべき社会のモデル＝夢を失った、にもかかわらず体制は否定したい――そんな衝動が空回りしていた「夢と現実」の時代です。

その後七〇年代以降、資本主義が発達し、豊かな消費社会がかつての階級闘争的な動機を失効させていったあとの時代が「虚構の時代」です。人々は虚構＝商品やメディアの中に現実にはないものを求めるようになった、というわけです。

この「虚構の時代」は冷戦期の後半に該当します。もうほとんどの人がマルクス主義の革命なんて信用していないし、全共闘のように結果を考えずただ体制を破壊するという祝祭は一瞬で過ぎ去って久しい。この時期に、かつて世界を変えたいと考えていた人たちは何をしていたかというと、「自分を変える」ことで「世界が変わったように見える」ようになることを考えていた。

たとえばヒッピー、*ニューエイジ、*ドラッグカルチャー、オカルトといった七〇年代から八〇年代にかけて普及した若者文化の多くが、この文脈にあります。共通しているのは自分の意識の中に「何か」（思想や薬物）を注入して「世界の見え方を変える」、そしてそのことで革命の代替物にする、という発想です。

この流れに連動して、日本の文化空間においては、漫画やアニメなど当時勃興しつつあったオタク系文化の文脈の中で「最終戦争（ハルマゲドン）」というモチーフが頻出するようになります。

僕が高校生の頃、社会学者の宮台真司*が用いた「終わりなき日常」というフレーズが時代を象徴するキーワードとなっていました。これは端的に言えば、八〇年代や九〇年代の日本における消費社会には「モノがあっても物語がない」ということを現すフレーズでした。非常に平和であるけれど、その代わりに個人の人生に意味を与えてくれるような物語を社会が提供してくれなくなったということを宮台は主張していました。そのような退屈が訪れていたからこそ、すべてをひっくり返してくれるようなハルマゲドンに対する幻想を人々が持つということも起こった。具体的なコンテンツで言えば、核戦争後の未来を描いた『風の谷のナウシカ』や『北斗の拳』*といった物語が支持を集めました。

豊かだけれど退屈な消費社会を崩壊し、刺激的な世界に塗り替えてくれる「デカイ一発」を期待する——まさにオカルトやSFなどファンタジー＝虚構こそが「反現実」として機能していたわけです。

一九九三年には『完全自殺マニュアル』*という本が太田出版というサブカルチャー系の出版社から発売され、ベストセラーになっています。これは「どうせ『世界の終わり』なんて来ないんだからすべてをリセットしたいなら自殺するしかない」という主張が露悪的に訴えられている著作です。「世界を変える」ことはできないのだから「自分を変える」――その究極の形が「自殺」ということになります。

†「虚構の時代」の終わりと東日本大震災

しかし、この「虚構の時代」は九〇年代後半に終わりを告げます。

象徴的な事件として挙げられるのが、一九九五年のオウム真理教*による地下鉄サリン事件*です。オウム真理教はまさにオカルト、ドラッグ、アニメなど「虚構の時代」の若者文化をすべて備えたカルト団体だった。彼らは「世界が変わらない」（革命はもうない）から「自分を変える」ために実にさまざまな手法を試していたにもかかわらず、結局それを信じられずに「世界を変える」方向に舵を切ってしまった。まさに「虚構の時代」の、「世界を変える」のではなく「自分を変える」という思想の限界を体現してしまったのだと思います。

もうひとつ象徴的なものとして挙げられるのが、同年に放映がはじまったアニメ『新世紀エヴァンゲリオン*』です。これはまさに黙示録的な世界観を背景に最終戦争を描くSF

ロボットアニメですが、社会現象化してブームが過熱する中で、ほとんど主人公の少年の自意識の問題を描く自己啓発セミナー的な内容になっていった。

このアニメの社会現象化は、この時代の日本における「世界を変えたい」という気持ちが、実際は家族や友人間、あるいは学校や職場でのローカルな人間関係で承認を獲得すれば満たされてしまう程度のもの、つまり個人の承認欲求の比喩としてしか成立しないことを証明してしまった。「虚構の時代」とは自分探しとしての「革命」への希望、つまり歴史や国家が自分の人生を意味づけてくれる世界を失ってしまったため、その代替物を探す文化が隆盛した時代だと言えるでしょう。

そして「虚構の時代」の終わりから二〇年弱、オカルトはカジュアルな若者文化としては決定的に退潮し（「占い」に接近し、スピリチュアル文化に変質した、とも言えます）、リメイク映画が何年に一度か制作されている『新世紀エヴァンゲリオン』から自己啓発セミナー性はなりを潜め、カジュアルなSFロボットアニメになっています。漫画やアニメの中でも、冷戦期の核戦争の可能性に強く依拠していた「最終戦争」のモチーフはほとんど使用されなくなっています。ここにはおそらくバブル崩壊以降の景気の後退や社会の混乱などから、「豊かで平和、しかしそれゆえに退屈な消費社会」というイメージ自体が成立し辛くなっていることも挙げられます。

　そして二〇一一年の東日本大震災というのは、いよいよ完全に「虚構の時代」的な終末論的な世界観を無効化したというのが僕の考えです。

　それはなぜかというと、「一発ですべてをリセットしてくれるような出来事は起こりえない」という感覚が人々の間で実感として共有されるようになったからです。

　そして実際に東日本大震災で原発事故が起きた時にどうなったか。これは明らかに、かつての終末論が待望していたような世界を変える一撃ではなかったし、ドラマチックな世界が到来したわけでもなかった。

　たとえば第二次世界大戦中の原爆というのは、象徴的に日本社会のビフォー／アフターをつくってしまうような「デカい一発」だったけど、福島の原発事故というのは自分たちが望んでいたはずのものがコントロール不可能になって、放射能という目に見えない脅威と共にじわじわと日本を内側から変化させてしまうようなものです。一瞬で前と後ろが区分されるのではなく、少しずつ世の中を蝕んでいくようなイメージがそこにはあると言えます。

†世界の終わりの終わり

たとえば二〇一二年春に公開されたある映画では、こんな場面が描かれています。あるアイドルグループの活動を追いかけたこのドキュメントでは、冒頭から繰り返し被災地慰問コンサートの場面が挿入されます。

瓦礫の中を縫うようにしてメンバーを乗せたバスが避難民キャンプを訪れ、大型トラックの荷台を用いた簡易ステージに、小中学生を中心としたファンたちが殺到する。はじけるような笑顔で、メンバーたちに携帯電話のカメラを向け、握手を求める。自衛隊員たちが見守る中、メンバーの一人がマイクをとって聴衆に語りかける。自分たちが被災地を訪れるのは今日が初めてであること、こんな状況下でアイドル活動をすることについてとても悩んだこと、それでもやっぱり、この日ここに立っていることを嬉しく思っていること。そして、コンサートがはじまる。流れるイントロはスピーカーの関係か、それほどいい「音」ではありません。しかしそれでも会場のボルテージが早くも飽和点を迎えつつあるのがスクリーンから伝わってくる。僕はこの場面を見たとき、今、物語が──特にファンタジー的な想像力を用いた物語が描くべきものは何か、という根源的な問いが僕たちに突きつけられているように感じました。

大災害で廃墟と化し、瓦礫と放射能だらけになった世界がそこにはある。そしてたくさんのものを失った子どもたちの前で、軍隊に見守られながら少女たちがせめてもの「希望」を歌う。これはまさに、何十年か前に平和な消費社会、「終わりなき日常」に退屈した少年たちが夢想し、物語の中に求めた光景そのものです。しかし、そんな少年少女たちの「夢」は「現実」に「非日常」は「日常」になってしまった。それも、誰もが望まないかたちで。

廃墟は、崩壊は、非日常的なものは、すでに現実のものとして存在しています。現に、このアイドルグループが被災地を慰問した回数は、この映画の公開された二〇一二年三月の時点で一〇回以上にも及んでいて、今も月一回以上のペースで維持されています。いまファンタジーとして、現実に抗う想像力として必要とされているものは、もはや終わりなき退屈な日常をリセットし、少年少女たちを刺激的な非日常に連れ出す想像力「ではない」のです。

ただ、誤解しないで欲しいのですが、僕が瓦礫の中で歌う彼女たちの姿に衝撃を受けたのは、その姿が震災を「忘れさせてくれる」からではありません。むしろその逆です。この映画が映し出しているのは、そしてこうしている今も東北で起こっているのは、日常と非日常、現実と虚構との境界が崩壊した後にこそ作用する、あたらしい想像力の生成ではないか、と考えています。僕たちを〈ここではない、どこか〉につれていくのではなく〈いま、ここ〉を異化させていくものとしての、あたらしい想像力、ファンタジーがここには確実に作動している。

そして僕はあの日、氷屋のベンチに腰を下ろしながら、ふたつのことを考えていました。

ひとつは、またこの博物館に足を運んで、最低でももう一体は巨神兵のフィギュアを買おうということ。そしてふたつめは、あの失敗に懲りずにまた次回も握手会に出かけようということだ。僕は手痛い目にあったけれど、一昨日東京ビッグサイトを満杯にしたものには確実に現在と未来がある。その辺の女子中高生に少しきれいな服を着せてブースの中に立たせるだけで、あっさりと信仰の対象＝オウム真理教が祀っていた「発泡スチロールのシヴァ神」のように機能させてしまう、あのシステムは極めて危険なものです。そして、だからこそ、僕は刺激を受けるし魅力的であると思う（そういえば『巨神兵東京に現わる』では東京タワーは破壊されていたが、国際展示場は登場すらしなかった）。

表面的には破滅と破壊を描いている『巨神兵東京に現わる』こそが本質的には（そしておそらくは半ば意図的に設計された）極めて安全なノスタルジィであり、その逆に表面的にはバカ丸出しの平和を満喫しているあの握手会の方が（おそらくは無自覚に）現在を記述し未来を書き換えるポテンシャルを示す危険なシステムを提示している。この転倒した状況に気づいている人間が、果たしてどれだけいるのだろうか。たぶん、ほとんどいない。

しかし、いつか僕たちが、「特撮博物館」のメイキング映像で目を輝かせていた「格好いい大人たち」のような仕事をするためには――いつか博物館に収められるかもしれない歴史を、静止しているものを記述するためには――いま、動いているもの、運動している（がゆえにバカにされ、ほとんど価値を認められていない）ものに賭けるしかない――僕はあの日からずっと、そしていまもそう考えています。

論点6

日本文化最大の論点

†すべての論点を包摂する論点

さて、これまで現代日本文化のさまざまな論点を概観してきました。

これらの文化現象はすべて、この世紀の変わり目に発生した情報化というグローバルな変化が、日本的想像力というローカルな磁場のもとに展開した結果生まれたものだと言えます。

そこには西洋近代のものとは異なった原理で駆動する、まったくあたらしい世界が誕生しているとすら言えるでしょう。これまで分析を加えてきた論点は、すなわちそんなあたらしい世界の論点だと言えます。

そしてこれまで論じてきたすべての現象、すべての論点を含む巨大な現象が、現代の日本社会においてもう何年も、巨大なうねりとなって文化空間を席巻しています。

それは今から七年前に東京の片隅の小さな劇場でスタートしました。最初の観客はたった七名、誰もが見向きもせず、失敗するだろうと嘲っていたと言います。しかしこの運動は誰も気づかないうちに次第に勢力を蓄えてゆき、いつの間にか国内最大級の動員力をもつ文化運動に発展してゆきました。そして二〇〇九年の後半から徐々にマスメディアにも取り上げられるようになり、今現在も多くの批判と嫉妬と差別を受けながらも、若者層からの圧倒的な支持とその熱量を背景に日本文化を牽引しています。

僕もまた、ほかの多くの論者や読者と同じように彼女たちのことをロクに知ることもなく嘲っていました。それが二年ほど前、ふとしたきっかけでその存在が気になりはじめ、そして少し調べてみたところ頭を殴られたような衝撃を受けました。これまで自分がさまざまな作品や現象を取り上げて論じてきたことは、すべてこの運動の中に包摂されていたからです。最初からこの運動について取り上げていれば、一度にあらゆることを説明できたのに、という思いがこみ上げてきました。そして、彼女たちがここまで巨大な存在になるまで、その力に気づかなかったことを心から恥ずかしく思いました。こんな簡単な答えが出ていたのに、何にためらって見送ったのだろう、と。

本書でこれまで論じてきたあらゆる問題は、この現象に集約されているといっても過言ではありません。

本章では本書のまとめとして、現代日本文化最大の論点――「AKB48*」――について考えましょう。

†ＡＫＢ48とは何か

ＡＫＢ48は東京・秋葉原の専用劇場を拠点に、二〇〇五年から活動を続けているアイドルグループです。姉妹グループに名古屋・栄を拠点とするＳＫＥ48、大阪・難波のＮＭＢ48、福岡・博多のＨＫＴ48、そして二〇一二年結成のインドネシア・ジャカルタのＪＫＴ48、中国・上海のＳＮＨ48などが存在し「ＡＫＢグループ」「48グループ*」と呼ばれる団体を形成しています。

総合プロデューサーの秋元康*は作詞家、構成作家として知られる人物です。作詞家としての代表作に美空ひばり*の『川の流れのように』、小泉今日子*の『なんてったってアイドル』、構成作家としての代表作には『オールナイトフジ*』『とんねるずのみなさんのおかげです*』などがあります。八〇年代から九〇年代、つまりテレビの全盛期を支えたクリエイターのひとりです。

ＡＫＢ48の源流は、この秋元康が一九八五年に中核スタッフの一人として参加したアイドルグループ「おニャン子クラブ*」です。おニャン子クラブのコンセプトはどこにでもいそうな、限りなく素人に近い女の子をプロデュースしてアイドルにしてしまう、というものです。メディアに「つくられた」存在ではない「素人」をそのまま、それも大量にプロデュースするというコンセプトは現在のAKB48にも踏襲されています。

もちろんメディアにつくられた存在「ではない」素人の女の子、というコンセプトと言っても、実際はアイドルという商品をプロデュースするのだからどこかに必ず「つくられた」部分は存在してしまう。ではどうやってファン＝消費者につくられたもの「ではない」と感じさせるのか、が問題になる。このとき秋元康が「おニャン子クラブ」で取った代表的な手法とは、オーディションの過程をテレビ番組（『夕やけニャンニャン』*）で公開する、というものです。つまり「楽屋を半分見せる」ことで、これはつくられたもの「ではない」のだというメッセージを暗にファン＝消費者に印象づけているのです。

この手方は後々まで大きな影響を与え、モーニング娘。*を産んだ『ASAYAN』*にも踏襲されています。おニャン子クラブは二年ほどの活動期間を経て解散していますが、その後発のアイドル文化への影響は非常に大きなものだったと言えます。また、こうした手法は八〇年代から九〇年代にかけて、若者向けの雑誌の投稿欄などを用いて頻繁に取られています。送り手、つまりマスメディアの側（編集者、プロデューサー）の繊細なコントロールのもと、適度に楽屋裏を見せることによってリアリティ（もっともらしさ）を演出する、というフェイク・ドキュメンタリー*的な手法だと言えます。また、九〇年代後半から、アダルトビデオや単館上映系の映画にてこの種のフェイク・ドキュメンタリーの手法が多く採用されています。マスメディアの時代の極相として、送り手のコントロールのもとに自己言及性を内包することで受け手の信頼を獲得する、という思想が表現の分野を超えて共通されていた時代だったと言えるでしょう。

しかし、現代においてこうした手法はほぼその威力を失っています。

なぜならば、そこにはインターネットが代表する双方向的なメディアがすでに出現しているからです。送り手が繊細なコントロールのもとに適度に楽屋を見せるよりも、実際にその表現に受け手が参加できることの方が、圧倒的にリアリティを確保することができる。あるいは、そこで起こっていることをマスメディア（新聞、雑誌、テレビ）を介さずに直接ファンに見せてしまったほうが、圧倒的にリアリティを確保することができる。

ＡＫＢ48の最大のコンセプト「会いに行けるアイドル」の本質はここにあります。中途半端にアイドル史に詳しい論者は、ＡＫＢ48はおニャン子クラブの再来にすぎないと断じますが、これは完全な間違いです。マスメディア依存であり、テレビ番組をフェイク・ドキュメンタリー的に演出することでリアリティを確保していたおニャン子クラブに対し、AKB48はその真逆の手法でプロデュースされていると言えます。

AKB48は秋葉原の専用劇場で、ほぼ毎日公演を行うというスタイルを二〇〇五年からずっと続けています。これは一見何でもないことのように思えます。しかし、マスメディアに依存しないアイドルを成立させるためには、この膨大な資金力を背景にした専用劇場でのほぼ毎日の公演がどうしても必要だったと考えられます。

これまでの日本のアイドルは、常にテレビを中心とするマスメディアによって産み出されてきました。それは山口百恵*にしろ松田聖子*にしろ変わらない。「AKBだってテレビにいくらでも出てるじゃないか」という反論が想定できますが、それはちょっと軽率な考えです。彼女たちは二〇〇九年頃にブレイクした後こそ雑誌やテレビに毎日のように登場していますが、それ以前にはほとんどマスメディアに登場していない。目立つところでは携帯電話キャリアのCMに出ていたくらいのものでしょう。二〇〇七年に紅白歌合戦にアキバ枠として出場したりもしていますが、それでもテレビを中心に活動していたとはとても言えない。あくまでも彼女たちの活動の中心は秋葉原の劇場公演にあったわけです。

AKB48年表（2005〜2012）

2005	
7月〜9月	「秋葉原48プロジェクト」1期生メンバー募集開始
10月30日	最終オーディションで約8000名の応募者から24名の合格者を選出
12月 8日	秋葉原48劇場(現・AKB48劇場) グランドオープン。チームAの初公演「PARTYが始まるよ」初日の観客は関係者を含めて72名
12月31日	NTTドコモ「FOMA」のテレビ電話のイメージキャラクターに抜擢。翌年2月には、専用ダイヤルに電話するとメンバーと話せる「テレビ電話でメンバーと話そう！」キャンペーンを開始した
2006	
2月 1日	インディーズより1stシングル『桜の花びらたち』リリース。購入特典はCD1枚につきトレカ1枚(全20パターン)。全国でミニライブ&握手会開催
2月 4日	チームA公演、初の満員御礼
2月 7日	劇場チケットを求める行列によるトラブル防止のため、抽選入場制を導入(土日のみ先着順)
2月26日	2期生チームKメンバー最終オーディション。19名の合格者を選出
3月 3日	ひなまつりサプライズ。終演後にメンバーが来場者全員にひなあられを手渡しする
3月14日〜15日	ホワイトデーイベント。終演後に手紙やプレゼントを好きなメンバーに手渡しできるサプライズイベント
5月 4日	チームKが初日以来、29公演ぶりの満員御礼
6月 7日	インディーズより2ndシングル『スカート、ひらり』リリース。同月9日に『ミュージックステーション』(テレビ朝日系)『音楽戦士MUSIC FIGHTER』(日本テレビ系) にてテレビ初出演
7月23日	『スカート、ひらり』購入特典A賞のイベント「AKBメンバーと行く浅草・花やしきツアー」を実施
10月21日	劇場にてファンクラブ・柱の会のオフ会「AKB秋祭り」を開催。メンバーがフランクフルト、射的などの屋台で売り子をする
10月25日	デフスターレコーズよりメジャー1stシングル『会いたかった』でメジャーデビュー。手売り即売会を開催
11月 3日〜4日	日本青年館で劇場外初のコンサート「会いたかった――柱はないぜ！」公演
11月18日	劇場にてメンバーが特技を披露する「AKB48　第1回ゴングショ

	ー」を開催。カラオケ、コント、創作ダンスなどを、メンバーが入口で配ったお菓子を食べながら観覧した
12月 3日	3期生チームBメンバー最終オーディション。20名合格
2007	
1月31日	メジャー2ndシングル『制服が邪魔をする』リリース。発売日に渋谷でストリートライブ敢行
3月10日〜4月 1日	初の全国ツアー「AKB48　春のちょっとだけ全国ツアー——まだまだだぜAKB48！」開催（東京、愛知、福岡、大阪）
4月18日	メジャー3rdシングル『軽蔑していた愛情』リリース
5月20日	劇場公演500回目達成。終演後、観客に紅白饅頭が配られる
5月27日	4期生メンバー（第1回研究生）最終オーディション。18名合格
7月18日	メジャー4thシングル『BINGO！』リリース。握手会開催
8月 8日	メジャー5thシングル『僕の太陽』リリース。握手会開催
10月 6日	5期生メンバー（第2回研究生）最終オーディション。13名合格
10月31日	メジャー6thシングル『夕陽を見ているか？』リリース
12月31日	『第58回NHK紅白歌合戦』出場。オタク層に人気のアーティストを集めた「アキバ枠」として、紅白としては当時最多の48名が出場
2008	
1月 1日	ベストアルバム『SET LIST——グレイテストソングス2006-2007』をリリース
1月21日〜24日	『リクエストアワー　セットリスト　ベスト100』開催。ファン投票で選ばれた人気曲を、4日間に渡りカウントダウン形式で発表するコンサートで、第1位は『桜の花びらたち』が選ばれた
1月23日	メジャー7thシングル『ロマンス、イラネ』リリース。同月26〜27日に握手会開催
2月27日	メジャー8thシングル『桜の花びらたち2008』リリース。3月1〜2日に握手会開催
4月 3日	6期生メンバー（第3回研究生）最終オーディション。4名合格
6月13日	iモード限定9thシングル『Baby！ Baby！ Baby！』配信スタート
8月23日	日比谷野外音楽堂のコンサートでSKE48初披露。あわせて次のシングルをキングレコードからリリースすることも発表
10月 1日	テレビ番組『AKBINGO！』（日本テレビ系）スタート
10月 5日	SKE48劇場デビュー。1st公演「PARTYが始まるよ」初日

10月22日	キングレコードよりメジャー10thシングル『大声ダイヤモンド』リリース
12月	7期生メンバー（第4回研究生）最終オーディション。11名合格
2009	
3月 4日	メジャー11thシングル『10年桜』リリース。同月8日以降に購入特典握手会を開催
4月	8期生メンバー（第5回研究生）最終オーディション。15名合格
6月24日	メジャー12thシングル『涙サプライズ！』リリース
7月 8日	赤坂BLITZにて「AKB48 13thシングル選抜総選挙『神様に誓ってガチです』」結果発表。前田敦子が1位となり、センターを獲得
8月22日～23日	日本武道館にて「AKB104選抜メンバー組閣祭り」コンサート。チームの再編成を発表
8月26日	メジャー13thシングル『言い訳Maybe』リリース。同月より全国握手会イベントを開催
9月20日	9期生メンバー（第6回研究生）最終オーディション。14名合格
10月21日	メジャー14thシングル『RIVER』リリース。初のオリコン1位を獲得
12月31日	『第60回NHK紅白歌合戦』に2度目の出場。メドレーにした『RIVERサプライズ！紅白Remix』を歌う
2010	
1月 8日～	テレビドラマ『マジすか学園』（テレビ東京系）にメンバーほぼ全員がヤンキーに扮して出演
2月17日	メジャー15thシングル『桜の栞』リリース。女性アーティスト初動売り上げ30万枚突破を7年ぶりに記録
3月	10期生メンバー（第7回研究生）最終オーディション。10名が合格
4月 7日	2ndベストアルバム『神曲たち』リリース
5月26日	メジャー16thシングル『ポニーテールとシュシュ』リリース。 初動売り上げ50万枚を達成。同月29日より発売記念大握手会開催
6月 9日	「AKB48 17thシングル選抜総選挙『母さんに誓って、ガチです』」結果発表。大島優子が第1位になり、初のセンターを獲得
7月24日	11期生メンバー（第8回研究生）最終オーディション。10名合格
8月18日	メジャー17thシングル『ヘビーローテーション』リリース。女性グループ初の2作連続の初動50万枚超えを達成。8月25日発売のレコチョク週間ランキングで着うた・着うたフル・ビデオクリップ・着

	信ムービー・着信メロディの各ウィークリーランキングで5冠を獲得。同月21日より発売記念大握手会を開催
9月21日	日本武道館にて「19thシングル選抜　じゃんけん大会」を開催。内田眞由美がセンターを獲得
10月27日	メジャー18thシングル『Beginner』リリース。初のミリオン達成、年間ランキング1位を獲得。同年12月30日「第52回日本レコード大賞」優秀作品賞受賞。翌月3日より発売記念大握手会を開催
12月 8日	メジャー19thシングル『チャンスの順番』リリース。「じゃんけん大会」の選抜メンバーによるシングル。翌年1月8日より発売記念大握手会開催
12月31日	『第61回NHK紅白歌合戦』にAKB48、SKE48、SDN48、NMB48の総勢130名で出場
2011	
1月 1日	NMB48が劇場デビュー。1st公演「誰かのために」初日
2月16日	メジャー20thシングル『桜の木になろう』リリース。約107万枚の累計売り上げとなり『Beginner』に続くミリオンヒットに。20日より全国握手会開催
2月20日	12期生メンバー(第9回研究生)最終オーディション
3月11日～28日	東日本大震災の影響でAKB劇場が休館。被災地に向けて約6億2000万円を日本赤十字社を通じて寄付
4月15日	テレビドラマ『マジすか学園2』(テレビ東京系)放送開始
5月25日	メジャー21thシングル『Everyday、カチューシャ』リリース。累計売り上げ約158万枚のミリオンを達成
6月 6日	チーム研究生10名によるチーム4結成。10月10日に劇場初公演
6月 9日	日本武道館にて「AKB48　22ndシングル選抜総選挙　『今年もガチです』」結果発表。前田敦子が第1位に返り咲いた
8月24日	メジャー22thシングル『フライングゲット』リリース。累計売り上げ約158万枚と前作に続きミリオンを達成し、同年12月30日「第53回日本レコード大賞」日本レコード大賞を初受賞
9月20日	日本武道館にて「AKB48 24thシングル選抜じゃんけん大会」開催。篠田麻里子が初センターを獲得
9月24日	13期生メンバー(第10回研究生)最終オーディション。33名合格
10月26日	メジャー23rdシングル『風は吹いている』リリース。累計売り上げ約141万枚と3作連続でミリオンを達成

12月 7日	メジャー24thシングル『上からマリコ』リリース。累計売り上げ約119万枚のミリオンを達成
12月 8日	Google+上のメンバーとファンとの交流サービス「AKB48 on Google+」を開始
12月31日	『第62回NHK紅白歌合戦』に出場し「紅白2011 AKBスペシャルMIX――がんばろう日本！」を披露
2012	
2月15日	メジャー25thシングル『GIVE ME FIVE！』リリース。累計売り上げ約143万でピンクレディーの記録を抜いて女性グループ史上初の6連続のミリオン達成
3月25日	コンサート「業務連絡。頼むぞ、片山部長！ in さいたまスーパーアリーナ」3日目公演にて、前田敦子がAKB48卒業を発表
5月23日	メジャー26thシングル『真夏のSounds good！』リリース。累計売り上げ約182万枚のミリオンを達成。同年12月30日「第54回日本レコード大賞」日本レコード大賞を受賞
6月17日	14期生メンバー（第11回研究生）最終オーディション。6名合格
6月 6日	日本武道館にて「AKB48 27thシングル選抜総選挙――ファンが選ぶ64議席」結果発表。大島優子が第1位を獲得
8月24日～26日	結成からの目標である東京ドームにて「AKB48 in TOKYO DOME――1830mの夢」を開催。3日間で約14万4000人のファンが集まる。また公演初日にはチーム4の廃止など、大幅なチーム再編成（組閣）が発表された
8月27日	AKB48劇場にて「前田敦子卒業公演」開催。その様子はYouTubeとテレビで生中継される
8月29日	メジャー27thシングル『ギンガムチェック』リリース。累計売り上げ約130万枚のミリオンを達成
10月31日	メジャー28thシングル『UZA』リリース。累計売り上げ約121万枚のミリオンを達成
12月	日本武道館にて「29thシングル選抜じゃんけん大会」開催。島崎遥香が初センターを獲得
12月 5日	メジャー29thシングル『永遠プレッシャー』リリース。累計売り上げ約107万枚のミリオンを達成
12月31日	『第63回NHK紅白歌合戦』に出場し「AKB48 紅白2012SP――第2章」を披露

（参考：『AKB48ヒストリー 研究生公式教本』集英社、2011年他）

†ソーシャルメディア時代のアイドル

しかし、普通に考えれば、収容人数二五〇人ほどの劇場をベースとした活動でブレイクするのは難しい。それにもかかわらず、なぜそこからのブレイクが可能になったのか。

答えは簡単です。それはインターネットがあったからです。

毎日劇場公演があり、毎週のように握手会があり、年に何度か楽曲のリリースがある。たとえマスメディアが相手にしなくても、現場に通ったファンたちはその感想をインターネット上に毎日吐き出してゆきます。その結果、AKB48のファンコミュニティはインターネットを介して数年で膨れあがっていった。

これはインターネットが普及する以前では考えられなかった現象です。一見、インターネットとAKB48はそれほど関連していないように思えるかもしれない。しかし、その歴史を少し調べれば、インターネットがあってはじめて、AKB48はここまで巨大な文化運動に膨れあがったことが見えてきます。嘘だと思うのなら、AKB48の主要メンバー、大島優子*や渡辺麻友*といった固有名詞をウィキペディア*（Wikipedia）などの集合知を用いたインターネット辞書で引いてみるといいでしょう。その更新履歴を確認すると、ファンたちがいかに日々の活動の中から彼女たちの個性を発見し、それをインターネットで共有することで彼女たちの人物像をつくりあげていったかわかるはずです。

ほぼ素人の女の子が毎日劇場公演を行い、それを観たファンがブログや2ちゃんねるやツイッターに感想を書き込む。これはもう消費者の自主的な行動だから抑制のしようがない。しかし、これが結果的にマスメディアに頼らなくても成立するアイドルグループが生まれることになった。そして、二〇〇九年後半にはＡＫＢ48はマスメディアの外側に一大勢力を形成することになった、と言えます。

ＡＫＢ48にとって、雑誌やテレビといったマスメディアは増幅器にすぎません。あくまでもベースは劇場とそこに足を運ぶファンであって、ファンがインターネットに接続してくれさえすれば成立するシステムになっている。現在ＡＫＢ48はマスメディアを席巻しているといえます。しかしその過程では、ソーシャルメディアを用いて十分な戦力を蓄えたうえでマスメディアに姿を現し、そこを「制圧」したと言えるでしょう。

†国民的興行としてのＡＫＢ48

奇妙な表現に聞こえるかもしれませんが、僕はＡＫＢ48についてはプロ野球やＪリーグと比較することでよりクリアに本質が見えてくると思います。

たとえばプロ野球というのはまさにマスメディアが生んだ文化です。日本のマスメディアの大きな特徴として、新聞とテレビの距離が極端に近いということが挙げられます。正力松太郎*の読売グループが、大多数の国民が同時に関心をもつことのできる話題提供の装置、すなわち国民的興行を必要とした結果としてプロ野球が成立していった。その意味でプロ野球というのは、戦後社会においてマスメディアが時代の空気を、ひいては「世間」をかたちづくっていたことの象徴的な存在です。

これに対してJリーグというのは野球が段々と行き詰まっていった時代に登場したものです。社会が多様化していく中で、みんなが単一のものに対して同じように熱狂するということが難しくなった。そこでJリーグは地元に密着したチーム同士の戦いという側面を強く押し出し、現場に足を運びイベントや試合に参加することの快楽をファンに見出してもらう戦略をとったわけです。

しかし、Jリーグがプロ野球に匹敵する国民的興行に成長できたかというと、それはたぶん難しい。ワールドカップの日本代表戦は当時のプロ野球に匹敵する、いやそれ以上の興行として成立していますが、この興行はマスメディア依存でJリーグのコンセプトとは離れている。その一方で、J1やJ2の優勝チームがどこかを気にしている人はほとんど目にすることはない。私見では、Jリーグは五年、いや、一〇年遅くスタートしていればまったく別の経路でファンコミュニティを形成していたのではないかと考えています。

そう、AKB48のようにマスメディアとは距離を置き、〈現場＋ソーシャルメディア〉でファンコミュニティが形成されてゆくモデルをとった可能性が大きい。J1やJ2の優勝チームがほとんど気にされない一方で、前田敦子*と大島優子のどちらが選挙に勝ったかは、この話題が注目されること自体が気に食わないという人も含めてみんな気にしている。これまで国民的興行はマスメディアという回路を通じてしか、事実上形成不可能だった。しかしおそらくAKB48はマスメディアに依存せずに、〈現場＋ソーシャルメディア〉で国民的興行をなしえた最初の文化現象だと考えられる。

ほかには現代日本においてはコミックマーケットやニコニコ動画が、やはりマスメディアとは切り離された世界で非常に大きな動員力をもっている。特にコミックマーケットは三日間で五〇万人を動員している、世界最大級のビッグイベントです（ちなみにAKB48は数万人の握手会を月数回、一年を通して行っており、これにコンサートが加わる）。しかし、コミックマーケットは性的なパロディや著作権的にグレーゾーンの出版物が多く頒布されているため、自分たちから〈昼の世界〉という表の世界に進出すること（AKB48でいうとマスメディア進出）を拒んできたところがある。コミックマーケットの性質からすると、その性的な想像力や著作権的なグレーゾーンがあるからこそ発揮されるクリエイティビティがあるのは間違いないので、それは妥当な判断でもあったと僕は考えています。

†AKB48から「社会」を考える

さて、私見ではこうした一連の現象にはこれからの世界を考えるうえで、とてつもなく大きな手がかりが隠されているように思えます。

序章で述べたように、二〇世紀とはマスメディアの時代でした。かんたんに復習しましょう。宗教やナショナリズムやマルクス主義といった「一」と「多」を結びつける「物語」の役割が変化したとき、その代わりの器となったのがマスメディアだった。ファシズムがしばしば「ラジオの産物」と言われるのがその最もわかりやすい例です。そして同時に、二〇世紀とはマスメディアの政治利用が盛んに行われた結果、世界大戦（国民国家同士の総力戦）が二度も起こって危うく人類が滅びかけた……そんな時代です。

そして二〇世紀後半は西側諸国を中心に、その反省から「政治とマスメディアは距離を取るべきだ」という思想が支配的になった。これはある程度うまくいったのだけど、半世紀を経た現在、さすがにこの装置も多様化する社会に対応できなくなりはじめている。社会の複雑化に、中心から周辺へ情報を一方的に発信し、ひとつのことに（アンチも含め）関心を集めることで「一」と「多」を結ぶというマスメディアの回路では対応できなくなってしまった。

その結果が、たとえば今の日本でいうと「政治漂流」や「ポピュリズム」による民主主義の機能不全です。したがって単純に二一世紀はポスト・マスメディア＝ソーシャルメディア的なものに支えられた社会を考えなければならない。戦後社会をプロ野球が象徴する文化的回路が強く規定していたのならば、ポスト戦後社会においてそれに当たるものは何か――もっとも近いものは間違いなくAKB48になる。

僕はかつてプロ野球の、それも読売巨人軍のファンでした。今でも応援している選手もいます。しかし、僕がどれほど心の中で入れ込んでいても、桑田と一緒にボールを投げることはできないし松井と一緒にバットを振ることもできない。しかし、大島優子や渡辺麻友は僕が投票しないと選挙に勝てない。この差はそのまま「マスメディア＝物語」と「ソーシャルメディア＝ゲーム」の差でもあります。

そして、この問題は僕たちに「社会」とはそもそも何か、という問いを投げかけています。人間の想像力は、自然な状態ではなかなか発揮されることはありません。目の前に倒れている妊婦がいればすぐに救急車を呼ぼうと必死になる人も、遠い国の悲惨な内戦の話を聞いても特に行動を起こそうとは思わない。しかし、「社会」というものは実際に顔と名前を認知し、感情が発生「していない」相手もまた、同じ共同体の一員であるという前提が共有されていないと成り立ちません。民主主義がそうであるように、社会そのものが「一」と「多」を結びつけなければ成り立たない。そしてそのためには、人間の想像力を何らかの装置で増幅することが必要になる。

このとき、僕たちの前に浮上してくるのは「推す」という言葉です。考えてみれば、僕らは前田敦子や大島優子と何も関係がない人間です。しかし僕たちは彼女たちを応援したいと思う。これが「推す」ということです。そしてこの「推す」という感情が、社会をつくっている。AKB48はこの「推す」という感情を、資本主義のシステムの力を通して、極めて強く社会に作用させることに成功しているように思えます。

この問題を考えるために、ここでもう少し詳しくAKB48のしくみについて考えてみましょう。

†現場＋ソーシャルメディアの動員力

ＡＫＢ48のシステムは、「劇場公演」「握手会」「選抜総選挙」「じゃんけん大会」の四大要素を中心に成り立っています。

もちろん、これはあくまで「現在の」システムにすぎません。二〇〇五年の結成時からこのシステムが完備されていたわけではありませんし、こうしている今も、大小の変更が加えられ続けています。しかし、この四つの要素を中心としたシステムが二〇〇九年から現在に至るＡＫＢ48の発展期を通して機能していたことは間違いありません。

まず「劇場公演」ですが、これがＡＫＢ48の根幹をなす活動です。と、いうよりも「会いに行けるアイドル」というコンセプトは、すなわち「（秋葉原の劇場で毎日公演をしているので）会いに行けるアイドル」というコンセプトに他なりません。上演はほぼ毎日行われており、専用に書き下ろされた楽曲を用いてパフォーマンスが行われます。まさにＡＫＢ48の「本体」がこの劇場公演だと言えます。雑誌、テレビといったマスメディアへの露出はあくまで「外仕事」と呼ばれるオプションにすぎません。

ふたつめの「握手会」——これは音楽ソフト（ＣＤシングル／アルバム）の発売に併せて

行われるイベントです。ＡＫＢ48の音楽ソフトは同時に握手券でもあります。握手会の形式によってそれぞれ「全国握手会」「個別握手会」に分かれていますが、ここで重要なのはＡＫＢ48は半ば楽曲それ自体を販売しようとはしていない、ということです。

先に論じたように、情報社会においてはテキスト、音声、映像、画像などの情報は基本的に複製が（しかも容易に）可能なため、供給過多の市場を形成します。その結果、情報そのものの値段は低下し、相対的にコミュニケーション（体験）の価値が上昇します。音楽のデータを何回再生しても「聴く」という体験は基本的に変化しませんが、メンバーとの握手（と会話）は一回ごとに変化します。そしてその体験はその人だけのものです。情報は複製できるけれど、体験は複製できない。そのためＡＫＢ48は楽曲ではなく、握手を売るのです。そしてこうしたメンバーとの日々の交流は、音楽、ゲーム、テレビバラエティなどをファンが消費する際に独自の文脈を与えます。あのとき握手会でこんなことを話していた彼女が、ここではこう振舞っている、という情報が付与されることで、ファンはこれらの情報をより深く、そして半ば独自の体験として消費できることになる。ＡＫＢ48は「知り合いがメディアに出ている」ことのおもしろさを、安価かつ手軽に提供する装置であるとも言えます。

音楽ソフトが売れない状況が続くなか、AKB48はシングルの売り上げ枚数で一一回もミリオンを記録しています。総売り上げも二〇一三年二月時点で二〇三〇万枚（シングル約一七五九万枚、アルバム約二七〇万枚）を超えていて、これは現代において驚異的な数字です。二〇一二年度の総選挙曲である『真夏のSounds good!』という新曲がダブルミリオンを達成しています。その背景に「楽曲ではなく握手券を売る」というコンセプト＝AKB商法があったことは疑いようがない。一方的な批判を浴びているこの「AKB商法」ですが、こうして考えてみると現代における人間と情報の関係、ポスト工業化社会における価値のあり方といった、これからの人間社会を考えるうえで、とても重要な問題を抉りだしていると言えるでしょう。

ちなみになぜ握手券それ自体を売らずにCDのおまけにするのかというと、それはヒットチャートという形骸化した装置を利用した宣伝効果を狙ったものだと思われます（握手券自体をダウンロード販売したほうがコスト的には安い）。ヒットチャート～位、CD～万枚達成、といった言葉に古い体質を引きずったマスメディアはかんたんに踊らされてしまう。AKB48は結成から数年間、マスメディアにほとんど相手にされていなかった。しかし、〈現場＋ソーシャルメディア〉の力で絶大な動員力を築きあげた。その力を見せつける場として、古い芸能界の象徴である「ヒットチャート」が狙われたものと思われます。

†民主化と参加型ゲームの魅力

そして三つめの「選抜総選挙」――これはあまり知られていませんが、運営＝秋元康へのファンの民主化要求の結果、取り入れられた制度です。ＡＫＢ48初期の歴史は、秋元康という専制君主へのファンの民主化闘争の歴史と言い換えても過言ではありません。

そもそもＡＫＢ48には膨大なメンバーが所属しています。結成当初から二〇人以上、現在においては姉妹グループを含め二〇〇人以上のメンバーが所属しています。したがって、コンサート、雑誌、テレビなどにその全員が出演することは不可能です。特にシングルリリースの際には選抜メンバーと呼ばれる一六人が選ばれて担当することになります。

当初は秋元康がその独断と偏見で、専制的にこの選抜メンバーを選んでいたのですが、やがて「運営側が一方的に選抜メンバーを決定するのはおかしい」「自分が『推し』ているメンバーが選抜に選ばれないのはおかしい」「人気をもっとフェアに測定する方法があるはずだ」といった声がファンコミュニティに広がり、抑えられなくなった。

この声に応え、そして利用するために、導入されたのが選抜総選挙です。これは毎年春に発売されるシングルCDなどに付属している投票券を用いて、自分の「推しメン」に投票する選挙です。その結果、（現在では）一位から六四位までメンバーの序列が票数として明示化されることになります。当然、CDなどの複数購入によって、同じメンバーに複数票を入れることも、推しメンが複数いるときは複数のメンバーに投票することも可能です。たとえばCDを一〇枚購入すると、前田敦子に五票、大島優子に三票、渡辺麻友に二票といった具合に票を複数入れることができます。秋元康はファンの民主化要求を見事に商売にした、と言えます。

しかしこの選抜総選挙は、ゲームとして非常に完成度が高い。国政選挙に喩えるのなら、この選挙は一位（センター）＝グループの顔を決めるいわば「政権選択」のゲームと、一六位までに残る選抜メンバーを選ぶ上位メンバーを対象としたゲーム、そして新人を中心とした六四位までの入選を競うゲームなど、複数のゲームをひとつの選挙で楽しむことができる。

当然、政権選択のゲームでは一〇万票レベルで競われるので、グループの顔を決めるダイナミズムを味わえる一方で、一票の重みはない。対して中位〜下位のメンバーへの投票はマニアックな論点を競うゲームではありますが、一票の重みが非常にある。しかも、この選抜総選挙の順位はその後一年間、メンバーのグループ内の序列を基礎づけます。自分たちの一票が、その人の人生を決定的に変えてしまう。この責任と緊張感が、この表現をあえて用いれば「おもしろさ」を生んでいるのも間違いない。

選抜総選挙の存在は「物語」ではなく「ゲーム」としてのＡＫＢ48という文化運動の側面を決定づけたと言っていいでしょう。

熱心なＡＫＢ48ファンとしても知られる濱野智史は、ｅコマースの用語として知られる「ロングテール」という概念を用いてＡＫＢ48の構造を論じています。たとえばアマゾンなどのウェブ書店は、店舗の床面積に商品の点数が制限されにくいため、圧倒的に豊富な商品の種類をそろえることができる。そのため一部の有力商品に頼ることなく、一種類あたりわずかしか売れないマイナーな商品群が無数に存在することで売り上げが確保されるようになります。このとき、販売数を縦軸に商品の種類を横軸にして商品を販売数順に並べると、動物のしっぽのような分布になります。売り上げを支えているのは右端に長く延びる「ロングテール」＝マイナーな商品群たちということです。

二〇一二年六月に開催された第四回選抜総選挙は、このＡＫＢ48という現象を考えるうえでとても大きな示唆を僕たちに与えてくれます。この選挙はＡＫＢ48初期から絶対的なエースとして君臨していた前田敦子の卒業発表を受けて、彼女不在の状態で行われました。前回の選挙で前田は約一四万票をひとりで獲得していたので、前田の不在は総得票数を大きく下げると思われていました。

しかし、ふたを開けてみると結果は逆でした。二〇一一年の第三回選抜総選挙の総投票数一一六万六一四五票に対し、二〇一二年の第四回選抜総選挙の総投票数は約二〇万票増しの一三八万四一二二票にのぼりました。なぜこのようなことが起こったのか。それはまさに濱野の指摘するロングテール構造がこのＡＫＢ48（の選抜総選挙）に見られたからです。

第四回の総選挙の総投票数を支えたのは、前田敦子を失い、事実上大島優子への信任投票となった首位争い＝政権選択のゲームではなく、グループ全体の人数の増加に対応して四八位から六四位まで拡大された当選枠への入選を競う、若手や中堅メンバーたちのゲームでした。マスメディア上ではほとんど名前も知られてないメンバー数十人とそのファンたちが、今やＡＫＢ48をロングテール的に支えているのです。

象徴的なエピソードがあります。この第四回選抜総選挙の開票イベントは、フジテレビで同時中継が行われました。しかしテレビが中継したのは上位一六位の「選抜メンバー」の発表のみ。これはＡＫＢ48のロングテール構造を考えると、むしろいちばんおもしろい部分を自ら捨ててしまったと言えるでしょう。これはマスメディアの「限られた時間枠の中で最大限に効果を発揮すべく、なるべく人気の高いメンバー＝選抜メンバーのみを扱う」という思考そのものが、ＡＫＢ48のあり方とは相反するものであることを示しています（皮肉なことに、同じく同時中継を行ったソーシャルメディア＝Google+では、放送時間に制限がないためにこのようなことは起こらなかった）。

マスメディア的公共性から、ソーシャルメディア的公共性へ、という二一世紀的な課題を念頭に置いたとき、ＡＫＢ48というあたらしい国民的興行がマスメディア的なものとは徹底的に相反している、という現実が示すものは途方もなく大きい。僕はそう考えています。

†自己決定論と運命論のあいだで

この選抜総選挙と対をなす存在が、二〇一〇年から導入された「じゃんけん大会」です。これはその名の通り、じゃんけんトーナメント大会での上位一六名を選抜メンバーとしてシングルをリリースするイベントです。これによって一年に一度だけ、約二〇〇名(二〇一二年現在)のメンバーから完全に「運」だけで一六名の選抜メンバーが決定されることになります。

AKB48は常に実力主義で、それも選抜総選挙や握手会の売り上げなど、明示化されたルールのもとにはっきりと序列が決定されるゲームです。しかし一年に一度だけ、この序列が完全に「運」まかせのゲームでリセットされる。これによって、普段は人気のないメンバーや、まだ知られていない若手メンバーが運次第で注目を浴び「下剋上」のきっかけをつかむことができます。これがじゃんけん大会です。

当然、売り上げを重視するレコード会社などは、このじゃんけん大会に難色を示すことが多いといいます。しかし、秋元康以下の運営陣はあくまでこのじゃんけん大会にこだわり続けている。それはおそらく、自己決定と運命、実力と運のバランスを取ることがAKB48というゲームのバランスを取ることに直結しているからです。要するに、「じゃんけん大会」があることによってこのゲームは「おもしろく」なっている、と言えるのです。

人気のないメンバーや若手のメンバー、そして彼女たちのファンにとって選抜総選挙が象徴する実力主義のゲームは、フェアでオープンであるがゆえに非常に残酷で、そして攻略が難しい。二〇一二年で四回目を迎えた総選挙では、上位メンバーの固定化が早くも指摘されています。そこに完全に「運」だけで決まるゲーム＝じゃんけん大会が年に一度だけあることによって、ＡＫＢ48というゲームはそのバランスを維持していると言えるでしょう。

論点4で人間がゲームに没入している状態は、手段と目的がほどよく混同されている状態であることを論じました。同じようなことが自己決定と運命、実力と運とのバランスにも言えるでしょう。すべてが自己決定＝実力で決定されてしまうゲームは攻略の方法が明確に存在するため、人はすぐに飽きてしまう。対してすべてが運で決定されてしまうゲームもまた、人は攻略（介入）の余地がなくおもしろみを感じないのです。

僕は以前に一度だけ、秋元康にインタビューしたことがあります。このとき秋元氏は「サイコロの目が出るのを待って、それを見てから考える」という表現を繰り返し用いていました。「運命」というものを信じている人の言葉だ、そう僕は思いました。

しばしばＡＫＢ48は少女たちに過酷な選択を迫る残酷なシステムだと非難されます。もちろん、その通り。現実の世界がそうであるように、ＡＫＢ48もまたときに残酷な選択や決断を迫ります。だからこそ彼女たちも「マジ」に戦うことができるし、僕たちも「マジ」で「推す」ことができる。彼女たちをときに襲う残酷さは、そのフェアさとオープンさの証明でもあるでしょう。フェアでオープンなゲームを自己責任で戦うからこそ「マジ」が産まれる。

その意味においてはAKB48は現実のこの社会よりもフェアでオープンだと言えます。いや、この表現は不正確でしょう。そもそもAKB48こそが現代においては圧倒的な威力を示し、多くの人間を惹きつけ、あるいは目をそらしてしまいたくさせてしまう社会現象＝現実そのものなのですから。

そして同時にAKB48ほど「運命」を信じさせてくれるものは今の世の中にありません。クラスの隅っこでいじけていたあの娘や、片田舎でただ歌と踊りが好きだったあの娘が、ふとしたことでチャンスの順番を摑んで自己実現してゆく。それも、鉄道が好きだとか、びびってバンジージャンプを飛べない姿がかわいらしいとか、後輩の面倒見が妙にいいとか、ブログでちょっとバカな発言をして微笑ましかったとか、本人も気づいていないような魅力を結果的に発見されることで彼女たちはチャンスを摑む。挙げ句の果てには完全にただの「運」でステージの中央（センター）に立つこともある。AKB48というシステムは、その意味で、やはり僕たちが今の世の中で信じられなくなっていた運命に選ばれることを信じさせてくれる。

徹底してフェアでオープンな自己決定と、徹底して偶然性に左右される運命……。このともに現代社会において信頼を失って久しいもの（そして一見相容れないもの）を奇跡的に両立させている……それが、ＡＫＢ48の本質なのだと思います。

†「大きなゲーム」としてのＡＫＢ48

ここで、思考の補助線を一本引いてみましょう。

いわゆる「お笑い」の世界、とくにテレビのバラエティ番組においては、かつての萩本欽一、*ビートたけし、*とんねるず*といったシーンを牽引するカリスマ的芸人は、ダウンタウン*の松本人志以降出現していません。ではポスト松本人志のお笑いシーンはどう推移したのか。それは『Ｍ－１グランプリ』*や『アメトーーク！』*、あるいは『爆笑レッドカーペット』*といった無名の若手芸人たちを大量起用した番組群です。これらの番組はいずれも、ほとんどゲームと呼んでいい極めて個性的なルールをもっています。そしてこれらの番組＝ゲームに若手芸人たちがプレイヤーとして参加することになります。

ここでのポイントはふたつあります。第一に、個性的なシステムをもつ番組＝ゲームをプレイすることで、芸人たちの魅力が引き出されていることです。ゲームを通じて、プレイヤーの潜在能力がこれまでになかったかたちで視聴者に届けられています。そして第二に、ゲームの中にいる多数のプレイヤーのうち、誰を応援するかは視聴者の自由になっているということです。ここで視聴者はメディアの与える単一のカリスマ性を受容するのではなく、複数のプレイヤーの中から好みの芸人を選択できる。

この二点については、AKB48についても同じことが言えます。アイドルの世界もまた、単一のカリスマによって牽引される時代は終わって久しい。そしてこれまで見てきたように、AKB48もまた、それ自体がひとつの「大きなゲーム」として機能しています。選抜総選挙、握手会、グーグルプラス（ぐぐたす）……そのすべてが明確なルールを有した人気競争のゲームです。

こうしたユニークなシステムをもつゲームをプレイすることで、メンバーの潜在的な魅力が引きだされていくのがAKB48だと言えます。そして、僕たちは約二〇〇人の構成メンバーの中から好きなメンバーを選んで「推す」ことができる。

秋元康はAKB48をよく「夢を実現する場」だと表現します。女優、モデル、歌手、声優……AKB48というシステムを通過し、そして卒業することで各界に人材を送り出していく回路に発展させたいと、秋元は繰り返し述べています。その意味において、AKB48はある種の人材育成ゲームだと言えるでしょう。ファンが「推したい」と思った人に投票し、ゲームに参加し、その自己実現を後押しするゲームです。

ここには未完成なものを応援することでレベルを上げていく、というゲームが成立している。これは最初から完成されたものを受け取るだけの文化、たとえば西洋のプロフェッショナリズムをアジアが頑張って輸入することで完成度の高いものを送り出すようなシステムとは、快楽の発生原理が根本的に異なっている。だからこそ、初めから完成度が高いものが登場してもファンはおもしろがってくれない。

こうして考えたとき、AKB48に対して楽曲がよくないとか、歌が下手だとか、ダンスがうまくないというような批判をしても何の意味も持たないことがよくわかると思います。

†攪乱されるセクシャリティ

AKB48がアイドルである以上、セクシャリティの問題を切り離すことはできません。そもそもアイドルをはじめとするこの種の性的な魅力に訴える文化表現をジェンダー論的な視点から擁護するのは難しい。そこには多かれ少なかれ、性暴力的な要素が確実に存在してしまうことになる。

僕自身も、かつて一部のキャラクター文化論の、この現実を隠蔽しようとする傾向を批判したことがあります。「僕たち／私たちは商品化される女性／男性の存在に自覚的で、そのうえで罪の意識とともにその商品を消費している」といった類の言説が、何か建設的なものを生むとは考えられないのです。これは単にそう主張している人間が、周囲に対して自己正当化をアピールする効果しかない。彼／彼女はその商品を決して手放すことはなく、むしろ「自分は罪の意識をもっている」と周囲にアピールすることでその免罪符を得ることになるからです。

したがって、僕はアイドルについて性の商品化と切り離して考えることはできないと考えます。そしてそのうえで、商品化される性の中に、資本主義のダイナミズムを逆手に取ってそのあり方を拡大し、解放していく可能性を考えるべきだと考えます。個人的なことになりますが、僕がAKB48に批評的な関心を抱いたのはその可能性を感じたからにほかなりません。ポップカルチャーにおける性の商品化については、「自分はその暴力性に自覚的である」という自意識をいくら訴えても、そうした行為はむしろ自己反省のポーズを取ることで批判を回避する防衛としか機能しない。それよりも、むしろ多様な消費のかたちを肯定し、推進することで、多様なセクシュアリティの表現を獲得する戦略を僕は考えたい。

ＡＫＢ48のファンたちはメンバーたちの関係性を重視します。具体的には誰それと誰それが仲がいい、という情報を、彼女たちの劇場や握手会、マスメディアへの露出、そしてなによりソーシャルメディア（Google+）からの投稿で得て、そこから二次創作的に彼女たちの疑似同性愛的な関係性を読み込みます（いわゆる「百合《ゆり》*」消費）。メンバーもこうした消費を意識して、半ば意図的にメンバー間の交流をアピールするようになっています。こうした疑似同性愛的な消費は、ＡＫＢ48の原型のひとつとなったと思われる宝塚*のそれをほぼ踏襲しています。

男性（女性）の消費者が女性（男性）同士の疑似同性愛的な関係性に「萌える」といった現象は、ボーイズラブ*の文化をはじめとしてさまざまなジャンルで見られるものです。しかし一部の少女小説や、宝塚やＡＫＢ48で見られる現象のユニークな点は、女性ファンまでもが、女性メンバー同志の疑似同性愛的関係性を消費している点です。

僕がＡＫＢ48に興味を持ったのは二〇一〇年のドラマ『マジすか学園*』がきっかけです。

これはＡＫＢ48の主要メンバーがほぼ総出演したドラマです。そして、その年の夏のコミックマーケットではこのドラマの二次創作が非常に盛況でした。このとき、二次創作を頒布していた作者も、その読者も主に普段はボーイズラブを消費している女性たちでした。しかし、ここでは女性が女性の関係性を消費する現象が起きていたのです。要するに、ここでは従来は既存のジェンダー状況を保守する効果しか生まないとされていた性の商品化が、消費者の欲望を書き換えていることになる。

これはとても大きな問題です。古い文化批評では資本主義は人間の想像力を画一化し、枯れさせてしまうものだとしばしば非難されます。しかし、実際に現代の資本主義市場と情報社会で起こっていることを観察すると、むしろ資本主義の力で人間の欲望が多様化し、変化しているという事例が頻繁に発見できます。『マジすか学園』がボーイズラブ読者に支持を受けたという現象は、その一例として位置づけることができるでしょう。

ちなみに、本章で解説したＡＫＢ48のシステムには、一九九〇年代後半から二〇〇〇年代にかけて主にビジュアル系バンドや、『ミュージカル「テニスの王子様」*』など男性タレントが演じるマンガ・アニメ原作ミュージカルなどのファンコミュニティで培われたノウハウが多数応用されています。私見では、男性タレントの市場にて圧倒的な優位を誇るジャニーズ事務所*の存在がなければ、ＡＫＢ48のような現象は（規模はともかく）男性アイドルを消費する女性市場で発生していた可能性が高いと考えます。

†公式による二次創作というメカニズム

このような市場における奇形的変化を可能にしたのは、ＡＫＢ48がもつユニークな二次創作システムだと思われます。前述したように、ドラマ『マジすか学園』はＡＫＢ48の当時の主要メンバーがほぼ総出演した番組でした。そこではＡＫＢ48というゲームは不良高校生たちの覇権闘争に置き換えられ、各メンバーはすでに日々の活動を通じてファンコミュニティの中で確立したキャラクターを意識した役柄を与えられています。

もう少し噛み砕いて説明すると、前田敦子や大島優子といったＡＫＢ48メンバーは、当時すでにファンコミュニティの中でキャラクターが確立されていました。前田なら少し不器用で、そしてマイペース。大島なら、周囲に気を使うノリのいい姉御肌《あねごはだ》。そして、秋元康はこのドラマにおいて彼女たちのキャラクターを少しだけアレンジして登場させました。まるでマンガやアニメの二次創作において、キャラクターの性格や設定が、原作のそれを壊さない程度に半歩だけずらしたものが好まれるように、秋元康もまた、ＡＫＢ48メンバーのキャラクターを踏まえながらも、それを半歩だけずらした役柄を与えていったのです。

これはいわば、権利者である秋元康が自ら行っている二次創作だと言えます。通常、マンガやアニメなど一次情報としての作品があり、消費者たちがそれを二次創作する。しかしここでは消費者たちがつくりあげたキャラクターをむしろ秋元康が二次創作している。これはドラマに限らず、AKB48の楽曲（特に歌詞）、劇場公演やコンサートの演出などあらゆるプロデュースに通底する最大のコンセプトだと言えるでしょう。

こうして秋元康の「公式二次創作」を素材に、消費者たちはさらなる三次創作的な消費を行うことになる。そして秋元康は、ふたたびそれを観察して四次創作的なプロデュースを行う……。このほとんど永久機関と言っていいキャラクター消費のサイクルにファンコミュニティを完全に組み込むことによって、消費者と一緒に運動をつくりあげていく。これがAKB48という文化現象を支えるメカニズムなのです。

†「坊主事件」から考える

先ほど、僕はAKB48をフェアでオープンなゲームを自己責任で戦うからこそ「マジ」が産まれる「残酷な」システムだと表現しました（あるいは「サリンを撒《ま》かないオウム」と表現したこともあります）。この残酷さがもっとも明確なかたちで表れたのが、二〇一三年一月に発生したメンバーが自ら丸坊主になってファンに謝罪した「事件」でしょう。

ＡＫＢ48には「恋愛禁止条例」といわれるルールがあります。これは発足当初から存在する不文律のルールで、メンバーの恋愛が発覚した場合何らかのペナルティが課せられる、というものです。当然アイドルという職業の性質上、恋人の発覚は人気の低下につながり当人にとっては不利にはたらくものですが、ＡＫＢ48の場合はここにさらに研究生への降格処分、謹慎処分などが運営サイドから加えられる、厳しいものだと言えるでしょう。こうした厳しさはＡＫＢ48全体の特徴です。たとえば「選抜総選挙」にせよ、人気の序列を明確に「数字」として「序列化」することでエンターテインメント性を強化するシステムだと言えます。その結果、メンバーの受けるプレッシャーは通常のそれよりもはるかに大きくなることが考えられます。

この「坊主事件」は初期から活動しているある人気メンバーが週刊誌でその恋愛スキャンダルを報じられたため、自ら丸坊主にしインターネット上にて謝罪会見を行った、というものです。

この動画に対しては「やりすぎ」であるという素朴な批判から、運営による「体罰」の一環として丸刈りの制裁が行われたという陰謀論的なものまで、さまざまなかたちの批判が寄せられました。

このメンバーが過剰な行動に走った背景としては、第一に過剰な競争を奨励するAKB48のシステムがあると考えられます。第二に、AKB48の日本社会における、それも急速に獲得されたあまりにも大きな存在感が挙げられます。このふたつの理由から、巨大なプレッシャーに晒されたこのメンバーは過剰な行動に走ったものと推測されます。個人的には、このメンバーの芸能活動への真摯な思いに心打たれましたが、やはりその表現方法はほかのものにすべきだったと考えています。

これはAKB48という巨大でユニークなシステムの危険な側面が出てしまったケースです。資本主義がそうであるように、それが強力なシステムであるからこそ、運用を間違えるとさまざまな問題が発生する。AKB48というシステムがあればこそ、彼女たちはその潜在力を発揮することができた。そして数多くのファンたちを励まし、勇気づけることができた。それは間違いない。しかしこの「坊主事件」は、そのシステムが孕む問題の小規模な（しかし重大な）露呈であったように思えます。

私見では、この問題に対しては第一に恋愛禁止条例の改正または撤廃、第二に（恋愛に限らず）不祥事についてのペナルティの明文化、を提案したいと考えています。

前述のように、恋愛禁止条例は「アイドルにとっての暗黙のルール」を明文化することによってゲーム的な要素を加える役割を担っています。しかし、恋愛スキャンダルはそれ自体でメンバーの人気低下をもたらすので、明文化によるプレッシャーの強化は必要ないと僕は考えています。現在の社会におけるＡＫＢ48の存在感を考えると、現在のレベルでメンバーにプレッシャーを与えることは今回のような過剰な反応を誘発しかねない。そこで恋愛禁止条例を撤廃し、プレッシャーを緩和することを提案したいと思います。そもそも、女性ファンも多くなってきた現在のＡＫＢ48において、男性ファンとの疑似恋愛的要素を打ち出すのは全体的な市場のニーズともズレるように思います（僕は個人的に、メンバーの恋人の有無にはあまり関心がないのでそう考える、という側面が大きいのだとは思いますが）。

第二に、現在のところは運営に一任されている不祥事（恋愛スキャンダルのみならず、未成年メンバーの飲酒、喫煙など）へのペナルティは、逆に明文化すべきで、運営が許可した場以外での謝罪を禁止することです。今回の「坊主事件」の背景には、このメンバーが「解雇されたくない」という一心で、少しでも誠意を示そうとした結果だと言われています。または、過去に同様のケースで解雇になったメンバーと比較され「なぜおまえは解雇されず、降格処分で済んでいるのだ」という批判を回避したい、と考えた結果だとも言われています。

このような事件の再発を防ぐためには、不祥事に対する処分を明文化し、例外を認めない――そう、総選挙のルールのように――することが有効です。どれだけ過剰な謝罪方法を選んでも処分は変わらない、という前提を構築すべきです。メンバーによる自由なインターネットでの発言、動画投稿はAKB48の最大の魅力です。これを全面的に管理、検閲してしまうべきではない。そのため、管理は最低限（不祥事についてのコメント）に限定しつつ、彼女たちに過剰な謝罪方法をとるメリットを減じさせるべきだと考えます。

もちろん、ルールやシステムの改正には限界がある。しかし僕はその限界を踏まえたうえで、やはりこの道を選ぶべきだと思う。彼女が自分の髪を剃ったのは、究極的にはシステムや制度の影響なのか、それとも本人の性格の問題が大きいのかを決定することはできません。だからこそ、システムやルールの改正で対応できる部分は積極的に行うべきだ、というのが僕の考えです。

ちなみに、僕はこの（ときに過酷な）ゲームをメンバーが攻略する姿を見せる（ファンが応援できる）という娯楽のかたちそのものは否定すべきではないと考えます。それは言うなればスポーツの否定だからです。重要なのはあくまでそのシステムとルールの適切な設定と運用です。

では、いかにしてその「システムとルールの適切な設定と運用」を獲得すればいいのか。答えは明白です。僕たち消費者（ファン）ひとりひとりが声を上げればいい。なぜならば前述したように、AKB48の歴史とはファンの民主化運動の歴史でもあるからです。AKB48はその創設時から現在に至るまで、ファンからの要望やインターネット上の書き込みを参考に、そのシステムのあらゆる部分に細かい改善が加え続けられています。そして何より、AKB48を象徴する選抜総選挙は、常に前田敦子をセンターに置き、以下の選抜メンバーを一方的に決定する秋元康への民主化要求を逆手に取って、ビジネス＝一大イベントに昇華したものであることはすでに説明した通りです。

最近では二〇一三年一月に、秋葉原、名古屋、大阪、福岡の各劇場支配人の新人事に対するファンからの信任投票が行われ、秋葉原の新支配人に任命されたスタッフが不信任を受け、着任できないという事件が発生しました。この事件もまた、メンバー及びファンコミュニティに大きな波紋を呼び、現在（二〇一三年二月）も活発な議論が行われています。

メンバーの序列決定のみならず、スタッフの人事にまでAKB48の「民主化」は及ぼうとしています（今回の「坊主事件」に関しても、僕は恋愛禁止条例の撤廃、およびメンバー不祥事に対するペナルティの緩和と明文化、もしくはこの提案の是非を問うファン投票を提案したいと思います）。

そしてこうしたAKB48の運営者とプレイヤーが一緒につくりあげる参加型ゲームとしての側面は、ある意味、秋元康という独裁者に対するファンコミュニティの「民主化要求」の歴史として解釈することができる。事実として、秋元康はAKB48をコンピューターのオペレーティングシステム*（OS）に喩えて説明しています。曰く「AKB48は巨大資本の専門職がつくったウィンドウズ（Windows）ではなく、ユーザーが任意に参加し拡張するリナックス*（Linux）である」……。この言葉の意味することは、もはや説明の必要はないと思います。

†「僕」から「君」へ

そんな秋元康はAKB48のすべての楽曲の作詞を手がけていますが、こうしたコンセプトはその代表曲――AKB48とは何かを社会に認知させるシングル曲のコンセプトにも影響を与えています。

これはファンコミュニティのあいだでは有名な分析なのですが、ＡＫＢ48のシングル曲の歌詞の一人称はある時期から「僕」が多用されるようになっています（「WASTE OF POPS 80s-90s」http://d.hatena.ne.jp/wasteofpops/）。この「ある時期」とは二〇〇八年一〇月の『大声ダイヤモンド』以降を指します。この少し前、ＡＫＢ48は大手キングレコードに移籍し、翌年のマスメディア上でのブレイクに向けて社会へ打って出ようとしていました。序章の言葉で言えば〈夜の世界〉で蓄えた力を用いて〈昼の世界〉に進出しようとしていた、と言えます（そのためにヒットチャートという〈昼の世界〉の形骸化した指標を利用して、自分たちの力を証明したのです）。

この頃から、シングル曲A面の歌詞の一人称は主に「僕」になってゆきます。それまでは、アイドルソングの王道として「私」という女性一人称が「君」「あなた」という男性のことを思う歌が、つまりアイドル（女性）がファン（男性）を思って歌う歌が多数を占めていました。しかし『大声ダイヤモンド』『ポニーテールとシュシュ』『ヘビーローテーション』など移籍以降のシングル曲のほとんどで「僕」という一人称を女性アイドルであるＡＫＢ48が歌い、「君」という女性に語りかける形式が採用されています。

選抜総選挙で投票するとき、そして握手会に並ぶとき、ファンはメンバーと一緒にこのゲームをプレイしている。これは、AKB48の消費者（ファン）と一緒につくりあげていく参加型のゲームとしてのコンセプトが、端的に歌詞にも当てはめられていると考えられます。メジャー進出後のシングル曲にこの種の歌詞が多いのは、AKB48が〈昼の世界〉にアピールする段階に入ったことを象徴的に表現しているように思えます。

AKB48は毎年秋に、必ずメッセージ性の高い楽曲をリリースします。二〇〇九年の『RIVER』、二〇一〇年の『Beginner』、そして二〇一一年の『風は吹いている』、二〇一二年の『UZA』がこれにあたります。これらメッセージ・ソングは、まさにそれぞれの年の段階でのAKB48の日本社会との距離感を表していると言えます。

特に二〇〇九年の『RIVER』は作詞家・秋元康のこの時期の代表作です。秋元は「川（河）」や「海」、あるいは「水夫」や「船」といった言葉を好んで使用します。そしてこれらにはおおむね、運命や環境、つまり自分の力ではどうにもならないもの――川や海に対峙する人間（水夫、船）という比喩が与えられている。この『RIVER』は秋元康の代表作である美空ひばりの『川の流れのように』を受けてつくられた作品です。『川の流れのように』は、一九八九年――バブル経済華やかなりしころに、そして昭和の終わりに、大ヒットした歌でした。「でこぼこ道や 曲がりくねった道 地図さえない それもまた人生」という歌詞は、まさにいびつなものを、ねじれたものを内包しながらも、結果的に奇跡の復興と未曾有の経済繁栄を成し遂げた「戦後」日本という川の流れを、欠点や汚点を受け入れたうえで肯定するというメッセージを含んだものでした。そしてこの詞を戦後を代表する（戦後マスメディアのつくりあげた）歌姫＝美空ひばりが歌うことで、このメッセージ性はマスメディア上で決定的に補強された。

対して『RIVER』はそれから約二〇年――「失われた二〇年」を経て、かつてはそのゆるやかな流れを肯定したいと歌われていた「川（戦後社会の古いシステム）」が、あたらしい時代を生きる若者たちの前に立ちはだかる障害――黒く深く、流れの速い川として描かれています。そしてこの川を渡るのは、ＡＫＢ48というポスト・マスメディア時代のアイドルです。

こうして考えてみると、「昨日までの経験とか知識なんか荷物なだけ」と歌い出す『Beginner』は時代を塗り替えたＡＫＢ48が「自分たちはまったくあたらしいルールを築きあげた／これからあたらしい時代がはじまるのだ」と声高らかに宣言する歌であり、『ＵＺＡ』は「あまりに力を持ちすぎたゆえに世間からの攻撃を受け続けているが、そもそもまったく別のルールで動いているのだから気にしようがない」という自分たちの危うい状態を歌っていると解釈できます。

†AKB48は国境を超えるか

二〇一三年一月に僕はNHKの取材を受けました。それは秋元康を題材にしたドキュメンタリーの取材でした。作詞家としての秋元康や、AKB48に対する分析を一通り述べると、担当者は最後に僕にこう尋ねました。「秋元康は天才だと思いますか?」――僕はこう答えました。「秋元康は天才的な詐欺師である」と――。

現代の情報社会は、ひとりの天才の仕事(エリーティズム)よりも、一〇〇人の凡才の部分的な才能を集約した仕事(ポピュリズム)のほうが精度が高く、クリエイティブなものを残しやすくなっている(集合知)。その代表が初音ミクやニコニコ動画であり、その象徴がAKB48だと言えます。そして、こうした集合知を機能させるには、すぐれた作家=天才ではなく、すぐれたシステム設計者=天才的な詐欺師の存在が必要不可欠なのだ――そう僕は語りました。

そして、この僕の回答はそのままAKB48の弱点を表していると考えています。それは秋元康がひとりしかいないことです。たとえばいま秋元康が暗殺された場合、この未曾有の文化現象はたちまち空中分解することは間違いありません。

前述の濱野智史は、AKB48の拡大を「スケールアウト」という概念で説明しています。スケールアウトとは、コンピューター用語で、ひとつの巨大なスーパーコンピューターをつくるのではなく、サーバーの数を増やすことでサーバー群全体のクオリティやパフォーマンスを向上させる戦略のことです。そして現状において、AKB48以外にSKE48、NMB48、HKT48とまさにスケールアウトで拡大を続けています。このとき足かせになっている最大の問題が「秋元康はひとりしかいない」ことです。特に劇場公演の歌詞制作の遅延は、グループ拡大における最大のボトルネックとして指摘され続けています。AKB48の歴史がファンによる秋元康への民主化要求の歴史でもあることは前述した通りですが、この問題を解決する方法は私見ではひとつしかありません。それは秋元康自体を集合知によって――そう、初音ミクのように「民主化」することに他なりません。

現在、AKB48はJKT48、SNH48を結成し、海外とくにアジア諸国への進出を試みています。かつて西洋列強の植民地になった経験を持つこれらの国々で、果たして未完成なものに消費者が参加し、手を加えることに快楽を発生させるこの参加型（ゲーム型）の文化運動のシステムがどこまで受容されるのか――。論点1で述べたように、日本的想像力はソフトウェアを輸出することでは世界に拡大することはありません。ハードウェアを輸出し、日本的な楽しみ方、消費環境を定着させることではじめて輸出できる。そして、AKB48グループの海外展開はまさに、日本的想像力とされているものの普遍性を問うものになる――まさに二一世紀日本文化のゆくえを象徴する論点が、ここには存在していると言えます。

ちなみに僕の「推しメン」は横山由依*さん（AKB48チームA、NMB48チームN兼任）です。次回の総選挙はぜひ彼女に清き一票を、いや、清き複数票をよろしくお願いします。

終章　〈夜の世界〉から〈昼の世界〉を変えていくために

†「政治と文学」を問い直す

古い言葉に「政治と文学」という言葉があります。本書の文脈に即すなら「政治」は社会、「文学」は文化のことを指します。あるいは、「政治」は世界で「文学」は個人、あるいは「政治」はシステムで「文学」は内面のことを指します。そして私見では、現代の日本は——いや、日本に限らないのかもしれませんが——この「政治と文学」がうまく結びついていない状態にあります。

それがたとえば民主主義の麻痺であり、マスメディアの機能不全であり、オウム真理教のような団体の暴走といった現象として表出していると言えます。そして、こうした政治（社会）の問題について、文学（文化）の言葉は直接的な処方箋を提示することはできません。それは決して文学（文化）の言葉ではなく、政治（社会）の言葉それ自体の役目です。しかし何が「政治的」かを考えること、政治性そのものを問い直すこと、政治と文学（システムと個人）のつながり方を考えるのは文学（文化）の言葉の役目です。本書では一貫して、この立場から現代日本の文化を論じ、そして社会について問い直す作業を反復してきました。

近代的な（大きな）物語が機能しなくなったとき、その代替物としての（大きな）ゲームの可能性を問い直す――本書の縦糸を表現するならおそらく、この言葉が相応しいでしょう。この（大きな）ゲームの可能性に基づいた政治（社会）の言葉については、現在僕は仲間たちと一緒に、具体的な運動、コミュニティの立ち上げを視野に入れたかたちで発表できるように準備を進めています。その具体像の片鱗は、僕が二〇〇五年から自費出版を続けている雑誌『PLANETS』などを参照していただければと思います。

本書で論じた〈夜の世界〉の思想と技術の可能性は、まだほんの一部にすぎません。しかし、ここで培われたものにはまだまだたくさん〈昼の世界〉を変え得る可能性を秘めたものが存在しています。

この〈夜の世界〉とは濱野智史が、僕との共著で用いた造語です。

この国の希望を考えるというとき、ずっと気にかかっていた言葉がある。「私はこれからの日本に対して希望をつなぐことができない。このまま行ったら『日本』はなくなってしまうのではないかという感を日ましに深くする。日本はなくなって、その代わりに、無機的な、からっぽな、ニュートラルな、中間色の、富裕な、抜目がない、或る経済的大国が極東の一角に残るのであろう」。一九七〇年七月、三島由紀夫が自決する直前に書きつけた言葉である。

この三島の予言は見事に当たっていた。そう多くの人が考えるだろう。たしかに、表向きはそうである。だが、私はまったくそう思わない。それはどういうことか。日本社会の「裏面」を見ればよいからだ。それは政治や経済といった〈昼の世界〉に対し、社会的に陽の目を浴びることのない〈夜の世界〉としての、日本のサブカルチャーやインターネット環境である。この十数年、そこでは異様なまでの生成・進化が絶えまなく起こってきた。そこにはいままで誰も発想しなかったような、多様で数奇なアイデアとクリエイティヴィティがある。熱意がある。しばしばその領域は引きこもりのオタクたちが集まる「タコツボ」だと批判されるが、「タコツボ」に棲み分けるからこそ、そこでは異様な進化と洗練が起こるのだ。

（宇野常寛、濱野智史『希望論』NHK出版、二〇一二年）

そう、行き詰まり、閉塞した日本はこの社会の半分でしかない。活力に満ちた、クリエイティブなもうひとつの日本が、この「失われた二〇年」にすでに生まれていたのだ。それが〈夜の世界〉です。

私はそこに三島が見なかった日本社会の姿を見る。それは有機的で、力に満ちた、カオティックな、玉虫色の、多様な、実験精神をおそれることのない、自由と生成のフロンティアである。私はこの日本にこそ希望を見る。とはいえそれは、あくまで日本社会の片隅、つまりは文化や娯楽といった「周辺領域」であるにすぎない。だからそこでいくら活発な進化なり発展なりが起こっていたとしても、社会構造はピクリとも変わらない。しかし、いま政治や経済といった〈表の世界〉がこれほどまでに終わっているこの国において、ほかに何の希望があるというのだろう? 革命は周縁から起こる。いまこそ、日本の情報/文化空間が培ってきた無数のイノベーションをもってして、現実の諸制度に揺さぶりをかける日が来ているのだ。(同)

〈昼の世界〉からは見向きもされない〈夜の世界〉で培われた思想と技術——ここにこの国を変えていく可能性が詰まっている。僕たちはそう確信しています。僕たちがやるべきことは、この〈夜の世界〉で培われた思想や知恵を用いて〈昼の世界〉を変えていくこと

――それだけです。

しかし僕はその一方で、〈昼の世界〉に〈夜の世界〉の知恵を持ち込むことで内部変革していく、という筋書きを心のどこかで信じられていないところがあります。

二〇一二年に放映されたNHK大河ドラマ『平清盛』*は、平安末期の平氏政権を朝廷という既存のシステムの内部改革者として描きました。とうに耐用年数の限界を迎えているにもかかわらず、既得権益の保守と前例踏襲の事なかれ主義が横行することで更新を拒むシステムに、理想主義的な内部改革者が挑む――。主人公・平清盛が瀬戸内海の海賊や平民出身の新興武士たちの力を借りてあたらしい世の中を切り開く姿は、まるで今日における日本において、〈昼の世界〉の理解者たちが〈夜の世界〉の住人たちである僕たちと手を取り合って世の中を変えていく姿のように見えました。

しかし僕はこのドラマに夢中になりながらも、現実の日本社会はそうはいかないだろうと考えていました。というよりも僕自身が、その可能性をどこかで信じられていないのです。

僕はやはり、どちらかといえば源氏になりたい――そう考えています。平家の開国政策に対して、源氏のそれは鎖国的であるとか、平氏政権こそが鎌倉幕府の原型だといった学説が存在するのは知っていますが、あくまで比喩的に述べると、僕は源氏的なアプローチのほうを信じています。朝廷の目の届かない、鎌倉という当時のど田舎に幕府というあたらしいシステムを勝手につくりあげ、そしてそのシステムが大きくなることでいつの間にか全国を支配する——そんな可能性のほうに賭けてみたい、そう思うのです。

†〈夜の世界〉と〈昼の世界〉の対立を超えて

僕がこうした考えを強めていった背景には、たとえば先の衆議院総選挙があります。二〇一二年一二月の衆議院議員総選挙は自由民主党の歴史的な大勝に終わり、三年に及ぶ民主党政権は終わりを告げました。この結果を開票速報のニュースで知った僕は、ひとこと「末法の世だな」と思ったのを覚えています。それは、この国がいま、とてつもなく大きな暗礁に乗り上げてしまったと感じたからです。

ただ誤解しないで欲しいのですが、僕は安倍晋三政権そのものを否定する気はありません。そこは「是々非々」で行きたいと考えています。たとえば僕は安倍政権の掲げるリフレーション政策は基本的に支持しているし、改憲し自衛隊を国軍とすること自体にも賛成です。しかしその一方でたとえば安倍晋三のナショナリズムについての考え方——「美しい国」という言葉が象徴するそれ――にはひどく時代錯誤なものを感じますし、その改正憲法草案に見られる人権思想の希薄さにはひどい嫌悪すら覚えます。しかし、僕が問題にしているのは安倍晋三政権の是非ではありません。今回の選挙を通して僕が痛感しているのは、この国をほんとうに分断している争点が選挙という回路においてはまったく機能していないこと、です。

たとえば、きわめて大ざっぱな整理ですが二〇一二年末の選挙を、縦軸に構造改革と体制保存、横軸にリベラルとアンリベラルを取って四象限にマッピングしてみましょう。第一象限＝右上（構造改革＋アンリベラル）は太陽の党、第二象限＝左上（構造改革＋リベラル）は小沢一郎離脱後の民主党とみんなの党、第三象限＝左下（体制保存＋リベラル）は日本未来の党、社民党、共産党、そして第四象限（体制保存＋アンリベラル）は自民党と公明党です。

〈夜の世界〉と〈昼の世界〉の対立は、おおまかにはこの縦軸に該当する。そしてリベラルな〈夜の世界〉の思想と技術の〈昼の世界〉への進出を考えるのなら、第二象限の可能性を追求するしかない。しかし、今回の選挙は、この第二象限を代表する勢力が決定的に敗北しています。それどころか、第二象限の可能性が有力な選択肢として浮上すること自体がなかった。

そこで僕は論点2で論じた都市部のあたらしいホワイトカラー層を結集し、可視化させることで政治的にはこの第二象限的なリベラルの勢力を強化できないか、と考えています。僕にはこの「あたらしいホワイトカラー層」こそが第二象限＝あたらしいリベラル勢力の支持基盤になるという確信があります。それは、現実から遊離し、究極的には大衆を蔑視する旧リベラル――とりあえず橋下徹に嫌悪感を示し、彼の功罪を具体的に検証することなくその手法をポピュリズムと断罪し、彼を支持する大阪市民を軽蔑する第四象限の人々――とは一線を画した、あたらしいリベラルの勢力にならなければならない、と考えています。そして、足場こそ都市部のホワイトカラー層にあれど、そのコミュニティは郊外のブルーカラー層へと拡大していかなけれ

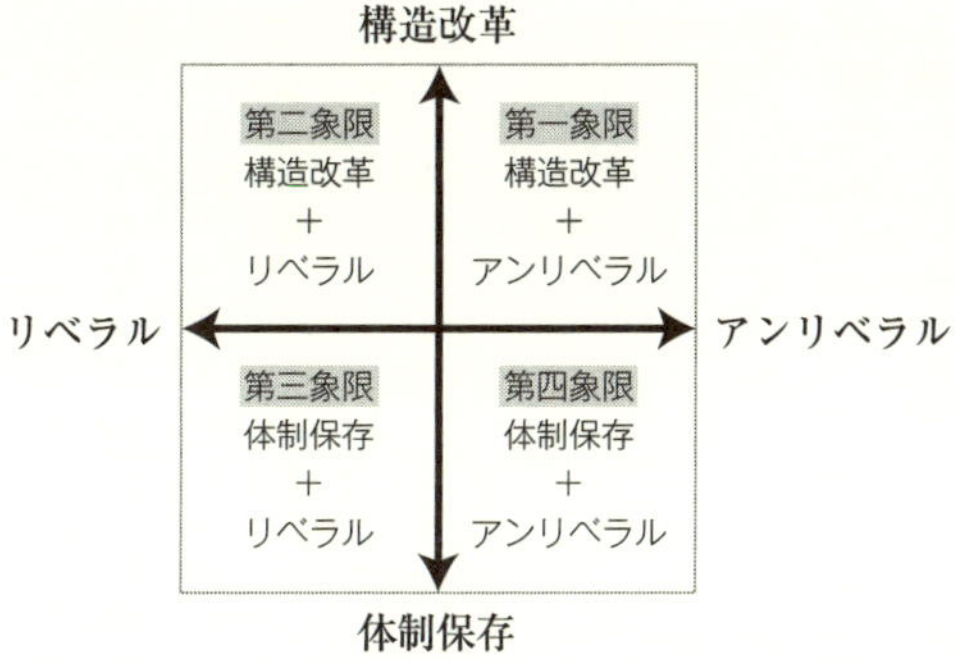

ばならない（だからリベラルでなければならない）。ここでも、階級を無関連化する大衆文化――まさに〈夜の世界〉の思想が有効に機能するはずです。

具体的には都市部のあたらしいホワイトカラー層を中心に、〈夜の世界〉を生きる人々の保険や組合をつくれたらいい、と思っています。こうすることでまだ目に見えない、社会のあちらこちらで自然発生しているものをつなげて、目に見えるものにして〈昼の世界〉の住人が認識できるものにすることが大事なのではないでしょうか。

単純に考えて、この国の古い〈昼の世界〉とあたらしい〈夜の世界〉のパワーバランスは圧倒的に前者に偏っています。数の力も、資金力も、権力もすべてにおいて〈昼の世界〉に〈夜の世界〉は劣っています。両者が正面からぶつかって、勝てる見込みはまずありません。だから僕は、こう考えます。僕たち〈夜の世界〉の住人たちが、〈昼の世界〉に勝っているものは目に見えない力、つまり「想像力」しかありません。〈昼の世界〉の人たちが思いつかないようなアイデアやビジョンを見せることで、彼らを魅惑して、ワクワクさせて、僕たちの味方になってもらう、僕らを「推して」もらうしかない――僕はそう考えています。

そして人をワクワクさせるのは僕たち文化の、想像力の担い手たちの仕事なのだと思います。

サブカルチャーの評論家ふぜいがなにをいうのか、と僕らを罵る人は後を絶たないでしょう。しかし僕は胸を張って反論します。サブカルチャーのようなものにしかできないことが、想像力の必要なことにしかできないもの、描けないもの、動かせないものがこの世界には確実にあって、今の日本にはそれが一番必要なのだと僕は思います。なぜならば、目に見えるものだけでは人は（究極的には）ワクワクしないからです。〈夜の世界〉のあたらしい文化、あたらしいライフスタイルが〈昼の世界〉の人たちをワクワクさせることができるとしたら、それはその目に見えるもの（ライフスタイル）の背後に、目に見えないもの（文化）の存在を感じてくれたときだけだと思うのです。

僕は、新聞の政治面やテレビの討論番組に呼ばれるたびにこんなことを考えています。「これは想像力のいらない仕事だ、目に見えるものの数を数えるだけの仕事だ」と。だからダイヤルを右に三度、左に五度動かすといったことをただ述べても仕方がない。たしかに今の日本にはそんな想像力のいらない、つまらない仕事も必要なのでしょう。でも、この目に見えるものを数えるだけの言葉に、想像力をもった言葉を少しでも混ぜなければ意味がない。僕はいつも、そんなことばかり考えています。そして、それがほんとうはつまらないことだと理解するためには想像力が必要なのです。

世界の変化は、常に「政治と文学」の関係性を問い直し続けている。そしてこの「政治と文学」のあたらしい関係性を記述できるのは、つねに目に見えるもの＝政治の側ではなく、目に見えないもの＝文学（文化）の側なのだと僕は信じていいます。だから僕はその一方で目に見えないものについて考え続けたい。アニメとアイドルとゲームについて考え続けたいと思うのです。そして僕はいまも、こう自分に言い聞かせています。「これは想像力の必要な仕事だ。目に見えぬもののかたちを、描き出す仕事だ」と。

あとがき

情報社会論とサブカルチャー批評とを往復しながら、現代文化批評の入門的な一冊をまとめたい、というのが本書のコンセプトです。それも、普段は批評や思想に関心を持ったことのない人に手に取ってもらえるものを、議論のレベルを落とすことなくまとめたい——僕なりに、いま「新書」という媒体の可能性を追求したのが本書です。

そして同時に、本書は僕の雑誌『PLANETS』の最新八号での仲間たちとの議論によって生まれた本だと言っても過言ではありません。参加してくれたすべての仲間たちに、改めて謝辞を述べさせてください。特に濱野智史君からは情報社会論の、井上明人君からはゲーミフィケーションの、そして國分功一郎さんからは中動態についてのたくさんの教示をいただきました。また『PLANETS』副編集長の中川大地さんには全体の構成についてアドバイスを頂きました。坂上秋成君には、本書のベースになった僕の一〇時間以上におよぶ語り起こしをまとめてもらいました。その後構想が二転、三転した結果、彼の原稿はほとんど使用されておらず、ほぼ書き下ろしに近い状態になっていますが、彼のような若い読者には僕の話がこう聞こえているのだ、という手がかりは執筆の上で大きな参考になりました。

筑摩書房の小船井健一郎さんには、無茶なスケジュールを要求する著者に最後まで粘り強くつき合っていただきました。この借りは、今後の仕事と本書の評価で返すことができればと思っています。最後に、本書が紹介した〈夜の世界〉の知恵が少しでも〈昼の世界〉を変えていくための力になってくれればいい、いやそうならなければならないと僕は考えています。

そしてもし、本書を通じて僕たちの考えていることに興味をもってくれる人がいたら、wakusei2nd.biz@gmail.com にアプローチしてください。できる範囲でかまいません、僕たちは粘り強く一緒に戦ってくれる、いや一緒にワクワクする想像力を発揮してくれる仲間を待っています。

二〇一三年二月

宇野常寛

付録 『日本文化の論点』を読むキーワード

▼人名（グループ名・組織名）

【あ】

秋元康　一九五八年生まれの放送作家・作詞家。高校時代にテレビ局へ台本をもちこんで構成作家となり『オールナイトフジ』などを手がける。また『川の流れのように』『セーラー服を脱がさないで』などのヒット曲を作詞し、おニャン子クラブやAKB48などのアイドルグループの仕掛人としても知られる。

東浩紀　一九七一年生まれの批評家・小説家。ジャック・デリダを論じた『存在論的、郵便的』（新潮社、一九九八年）でデビュー。二〇一〇年に『思想地図β』（ゲンロン）を創刊し、編集長を務める。著書に『動物化するポストモダン』（講談社、二〇〇一年）、『一般意志2・0』（講談社、二〇一一年）など。

庵野秀明　一九六〇年生まれのアニメ作家、映画監督。一大ブームを巻き起こしたテレビアニメ『新世紀エヴァンゲリオン』（一九九五〜九六年）の脚本を手がけ、同シリーズの劇場公開版を監督。のちに『ラブ&ポップ』（一九九八年）などの実写映画も手がける。

井上明人　一九八〇年生まれのゲーム研究者およびゲーミフィケーションの推進者。二〇一一年に節電ゲーム「#denkimeter」プロジェクトを提唱し話題を呼ぶ。著書に『ゲーミフィケーション』（NHK出版、二〇一二年）がある。

入江悠　一九七九年生まれの映画監督。二〇〇九年の自主映画『SRサイタマノラッパー』で話題を呼び、一〇年と一二年に続編を発表して注目を集めている。

オウム真理教　一九八七年設立の、麻原彰晃を教祖とする新興宗教の一派。地下鉄サリン事件の主犯とされ、教祖をはじめ多くの幹部が逮捕された。二〇〇〇年に名称をアレフに変更、現在も公安調査庁の監視下にある。

大澤真幸　一九五八年生まれの社会学者。主な著書に『虚構の時代の果て』（筑摩書房、一九九六年）、『不可能性の時代』（岩波書店、二〇〇八年）など多数。

大島優子　一九八八年生まれの女優、アイドル。AKB48チームKキャプテン。一九九六年より子役として活動し、二〇〇六年に第二期AKB48オーディションに合格。二〇〇九〜一一年の選抜総選挙では前田敦子のライバルとして一位を競い合った。

大塚英志　一九五八年生まれの評論家・民俗学者・漫画原作者。漫画原作者として『多重人格探偵サイコ』（角川書店一九九七年〜）などのヒット作を生み出す。著書に『物語消費論』（新曜社、一九八九年）など多数。

押井守　一九五一年生まれのアニメクリエイター、映画監督。代表作に『うる星やつら2　ビューティフルドリーマー』（一九八四年）、『GHOST IN THE SHELL／攻殻機動隊』（一九九五年）など。

おニャン子クラブ　一九八五年、フジテレビの番組『夕焼けニャンニャン』から生まれた女性アイドルグループ。素人の女子高生をオーディションし、独自の展開で爆発的な人気を博した。一九八七年解散。

【か】

グーテンベルク，ヨハネス　Johannes Gensfleisch zur Laden zum Gutenberg　一三〇〇年代生まれのドイツの活版印刷発明者。一四四〇年代に鋳造活字を使った印刷機を考案し、マインツで印刷所を開業。印刷した聖書は「グーテンベルクの聖書」として知られている。一四六八年没。

小泉今日子　一九六六年生まれの歌手・女優。一九八二年『私の16才』で歌手デビュー。キョンキョンと呼ばれ、『なんてったってアイドル』などで一世を風靡した。テレビドラマや映画・CMなど幅広く活動を続けている。

國分功一郎　一九七四年生まれの哲学者、思想家。『スピノザの方法』（みすず書房、二〇一一年）、『暇と退屈の倫理学』（朝日出版社、二〇一一年）など。

【さ】

ジャニーズ事務所　一九六二年創業の大手芸能プロダクション。代表ジャニー喜多川。SMAP、TOKIO、嵐などを擁し、テレビやコンサートや舞台などへ多彩なタレントを輩出している。

正力松太郎　一八八五年生まれの実業家・政治家。読売新聞・日本テレビ社主であり、政界にも進出。一九六九年没。

【た】

ダウンタウン　一九八二年結成の、松本人志と浜田雅功によるお笑いコンビ。一九八八年の『夢で逢えたら』で人気に火がつき、『ガキの使いやあらへんで!!』『ごっつええかんじ』など人気番組を手がけている。

宝塚歌劇団　一九一四年に兵庫県宝塚市に設立された、

日本最初の女性だけの歌劇団。創始者小林一三。宝塚大劇場および付属の宝塚音楽学校があり、創業以来のモットー「清く正しく美しく」を掲げ、雪組、月組、花組、星組、宙組による公演を続けている。

津田大介　一九七三年生まれのジャーナリスト。ツイッターでの活動が注目され、文化や政治へと活躍の場を広げている。著書に『Ｔｗｉｔｔｅｒ社会論』（洋泉社、二〇〇九年）、『ウェブで政治を動かす！』（朝日新聞出版、二〇一二年）など。

円谷英二　一九〇一年生まれの特撮監督。『ハワイ・マレー沖海戦』『ゴジラ』『ウルトラマン』などの作品を手がけ、ミニチュア撮影やスクリーンプロセス（あらかじめ撮影した風景などの前で演技する撮影技法）など特殊撮影技術の発展に大きな貢献をした。一九七〇年没。

ディズニー，ウォルト　Walt Disney　一九〇一年生まれのアメリカの映画製作者、ディズニーランドの創始者。『ミッキーマウス』『白雪姫』などのアニメ映画や『砂漠は生きている』などの動物実写映画の製作で知られる。一九六六年没。

手塚治虫　一九二八年生まれの漫画家。日本のストーリー漫画とテレビアニメーション分野の開拓者。代表作に『鉄腕アトム』『ジャングル大帝』『ブラック・ジャック』など。一九八九年没。

ドリカム（Dreams come true）　一九八八年結成のバンド。ボーカル吉田美和とベース中村正人のメンバーで、『決戦は金曜日』『LOVE LOVE LOVE』など多くのヒット曲を生み出している。

とんねるず　一九八〇年結成の、石橋貴明と木梨憲武によるお笑いコンビ。一九八五年のテレビ番組『夕焼けニャンニャン』でブレイク。その後も、『ねるとん紅鯨団』『とんねるずのみなさんのおかげでした』など人気番組に出演する。

【な】

新美南吉　一九一三年生まれの児童文学者。女学校の教師をしながら、『ごん狐』などの多くの童話を発表した。一九四三年没。

【は】

萩本欽一　一九四一年生まれのコメディアン、タレント。一九六六年にコント55号を結成し、『お昼のゴールデンショー』『ぴったしカン・カン』など数多くのレギュラー番組を抱えて一世を風靡した。

濱野智史　一九八〇年生まれの批評家・情報環境研究者。

著書に『アーキテクチャの生態系』（NTT出版、二〇〇八年）や『前田敦子はキリストを超えた』（筑摩書房、二〇一二年）など。

林原めぐみ　一九六七年生まれの声優・歌手・エッセイスト。『らんま1／2』のらんま（女）役、『新世紀エヴァンゲリオン』の綾波レイ役など多数のキャラクターを演じている。

ビートたけし　一九四七年生まれの芸人・映画監督。ビートきよしと共にツービートとしてデビュー、『オレたちひょうきん族』などの大ヒットで人気を獲得する。また北野武として発表される映画は海外での評価も高い。

樋口真嗣　一九六五年生まれの映画監督。『ゴジラ』に携わることから映画界に入り、『ガメラ　大怪獣空中決戦』（一九九五年）、『日本沈没』（二〇〇六年）、『エヴァンゲリオン新劇場版：破』（二〇〇九年）など特撮、実写、アニメ、CGと幅広い領域で活躍する。

藤村龍至　一九七六年生まれの建築家。独自の方法論「超線形設計プロセス論」を提唱し、『UTSUWA』『BUILDING K』などの作品を発表している。

【ま】

舞城王太郎　一九七三年生まれの覆面小説家。二〇〇一年『煙か土か食い物』で第一九回メフィスト賞を受賞しデビュー。その他の著書として『阿修羅ガール』（新潮社、二〇〇三年）、『好き好き大好き超愛してる。』（講談社、二〇〇九年）など。

前田敦子　一九九一年生まれの女優・歌手。AKB48のオープニングメンバーであり、二〇一二年のAKB48卒業は大きな反響を呼んで社会現象となった。出演映画に『苦役列車』（二〇一二年）などがあり、今後の活躍が注目される。

松田聖子　一九六二年生まれの歌手。一九八〇年の『青い珊瑚礁』のヒットから八八年の『旅立ちはフリージア』まで、二四曲チャート一位を記録する。その他、『白いパラソル』『赤いスイートピー』『あなたに逢いたくて』など多くのヒット曲を生んでいる。

美空ひばり　一九三七年生まれの歌手。九歳で初舞台を踏み、天才少女歌手として評判を呼ぶ。『リンゴ追分』『柔』『悲しい酒』などの演歌を中心にヒット曲を歌い続けた。一九八九年没。

見田宗介　一九三七年生まれの社会学者。主な著書に『社会学入門』（岩波書店、二〇〇六年）など多数。また真木悠介名義の著書に『気流の鳴る音』（筑摩書房、一九七七年）などがある。東大見田ゼミからは大澤真幸や宮台真司など多くの研究者を輩出したことでも知られる。

宮崎駿　一九四一年生まれのアニメ作家・映画監督。スタジオジブリ取締役。日本アニメ界の第一人者として、『風の谷のナウシカ』（一九八四年）、『となりのトトロ』（一九八八年）、『千と千尋の神隠し』（二〇〇一年）など多彩な作品を発表している。

宮台真司　一九五九年生まれの社会学者。一九九〇年代にオウムやブルセラといった社会現象を分析し、今も政治・社会・文化にわたる多彩な活動を続けている。著書に、『終わりなき日常を生きろ』（筑摩書房、一九九五年）など。

モーニング娘。　一九九八年に結成された、つんく♂プロデュースによる女性アイドルグループ。略称モー娘。メンバーの加入と卒業（脱退）をくりかえしながら、多彩な活動を展開している。代表曲に『LOVEマシーン』『恋愛レボリューション21』など。

【や】

山口百恵　一九五九年生まれの歌手。一九七二年、テレビ番組『スター誕生!』でチャンピオンになり、翌年『としごろ』でデビュー。『ひと夏の経験』『プレイバックPart 2』など次々とヒットを生む。『伊豆の踊子』などの映画にも出演。一九八〇年、映画で共演した三浦友和と結婚と同時に引退した。

横山由依　一九九二年生まれのアイドル。AKB48チームA及びNMB48チームNメンバー。二〇〇九年に第六期AKB48オーディションに合格。筆者の推しメン（推しているメンバー）。

【ら】

リンドバーグ　一九八九年デビューのロックバンド。『今すぐKiss Me』『恋をしようよ Yeah! Yeah!』などのヒット曲を生む。二〇〇二年解散。

【わ】

渡辺麻友　一九九四年生まれのアイドル。AKB48チームAメンバー。二〇〇六年に第三期AKB48オーディションに合格。二〇一二年の選抜総選挙では二位に入り、次代のエースとして注目されている。

【A】

AKBグループ／48グループ　AKB48の姉妹グループの総称。名古屋・栄のSKE48、福岡・博多のHKT48、大阪・難波のNMB48、インドネシア・ジャカルタのJ

KT48、中国・上海のSNH48などがある。

AKB48　秋元康プロデュースによる、二〇〇五年結成の女性アイドルグループ。東京・秋葉原に専用劇場を持ち、「会いに行けるアイドル」をコンセプトに、ほぼ毎日公演を行っている。CD購入者を対象とした握手会や、メンバーのグーグルプラス（ぐぐたす）による発信、メンバーの序列がオープンな形で決定される年一回の総選挙など、徹底してメンバーとファンを交流させるのが特徴。そのユニークなシステムで巨大なファンコミュニティを形成している。

B'z　一九八八年より活動する、松本孝弘と稲葉浩志の二人による音楽ユニット。楽曲の作曲を松本が、作詞を稲葉が担当。『愛のままにわがままに　僕は君だけを傷つけない』『ultra soul』など多くのヒット曲がある。

▼作品名

【あ】

『アメトーーク！』　二〇〇三年よりテレビ朝日で放送されているバラエティ番組。雨上がり決死隊のメイン司会で、「家電芸人」「ジョジョ芸人」など、そのテーマに詳しい芸人によるやりとりで人気を呼んでいる。

『ウルトラマン』シリーズ　一九六六年から、TBS系で放送されている特撮テレビ番組（制作＝円谷プロダクション）。巨大な変身ヒーローが怪獣と闘うシリーズで、フィギュアや生活用品など関連商品も多い。

『オールナイトフジ』　一九八三〜九一年にかけてフジテレビ系で放送された深夜番組。

『おぢいさんのランプ』　新美南吉の生前に刊行された唯一の童話集『おぢいさんのランプ』（一九四二年）収録。

【か】

『風の谷のナウシカ』　一九八四年公開の長編アニメ映画（監督＝宮崎駿）。科学文明が崩壊したのちの、蟲と人間の攻防を主人公ナウシカの目から描いた作品。原作漫画は一九八二〜九四年にかけて『アニメージュ』（徳間書店）で連載された。

『仮面ライダー』シリーズ　改造人間である主人公が変身して悪の組織と戦う、特撮テレビドラマ（原作＝石ノ森章太郎）。一九七一年よりテレビ朝日系で放送され、現在もシリーズ化されている。

『完全自殺マニュアル』　一九九三年に太田出版より刊

行された書籍（作者＝鶴見済）。服薬・入水・轢死などの自殺手段を記し、一〇〇万部を超えるベストセラーとなった。

『機動戦士ガンダム』 一九七九〜八〇年にテレビ放送されたロボットアニメ（総監督＝富野由悠季）。一年戦争と呼ばれる、人型機動兵器モビルスーツによる宇宙戦争を描いた作品。再放送を経て、映画にまとめた劇場版で人気が爆発した。その世界観を引き継いだ『ガンダム』シリーズは、今も定期的に発表され続けている。

『巨神兵東京に現わる』 企画展「館長　庵野秀明　特撮博物館」上映用に製作された短編映画（監督＝樋口真嗣／脚本＝庵野秀明／二〇一二年）。『風の谷のナウシカ』に登場する巨神兵が東京に現れて破壊の限りを尽くす様子を、ミニチュアを駆使した特撮でつくりあげた。その後、『ヱヴァンゲリヲン新劇場版：Q』（二〇一二年）と同時上映された。

『ゴジラ』 一九五四年に公開された怪獣映画（特撮監督＝円谷英二／本編監督＝本多猪四郎）。水爆実験のために目覚めた怪獣ゴジラが、放射能を吐きながら東京を破壊する。『ゴジラ』は東宝の怪獣シリーズを生み、『ウルトラQ』（円谷プロ）へと引き継がれる。

【さ】

『新世紀エヴァンゲリオン』 一九九五〜九六年にテレビ東京系列で放送、一九九七〜九八年に映画化され、社会現象となったアニメ（原作＝GAINAX／監督＝庵野秀明）。二〇〇七年より新劇場版『ヱヴァンゲリヲン』シリーズが公開されている。

『スーパー戦隊』シリーズ 色分けされたマスクとスーツに変身するヒーローグループが怪人と戦う、特撮テレビドラマ（原作＝石ノ森章太郎）。一九七五年に放送された『秘密戦隊ゴレンジャー』以降、定期的に製作されている。

【た】

『太鼓の達人』 二〇〇一年より、ナムコから発売されている和太鼓型・音楽ゲームシリーズ。流れてくる音符に合わせて太鼓を叩くリズム・アクションゲームで、アーケード用から家庭用ゲームなどへ移植されている。

『平清盛』 二〇一二年にテレビ放送されたNHK大河ドラマ（脚本＝藤本有紀／主演＝松山ケンイチ）。

『とんねるずのみなさんのおかげです』 一九九七年よりフジテレビ系で放送されているバラエティ番組。とんねるずがメイン司会を務める長寿番組で、現在は『とんねるずのみなさんのおかげでした』という番組名で放送されている。

【は】

『爆笑レッドカーペット』　二〇〇七年からフジテレビ系で放送されている不定期特番のお笑い番組。ベルトコンベアに乗った芸人がショートコントをみせ、時間切れと共に退出する形式。

『ビートマニア』　一九九七年より、コナミから発売された音楽ゲームシリーズ。プレイヤーはクラブのDJとなり、ターンテーブルを用いて演奏する。

『北斗の拳』　一九八三〜八八年にかけて『少年ジャンプ』（集英社）に連載された漫画（原作＝武論尊／作画＝原哲夫）。核戦争後の荒廃し、暴力がすべてを支配する世界を描いた作品。人気を博してアニメ化・ゲーム化もされた。

【ま】

『マジすか学園』　二〇一〇年にテレビ東京系で放送された連続ドラマ（企画・原作＝秋元康）。AKB48グループのメンバーが多数出演し、出演者の現実のエピソードを匂わせるメタフィクション的な台詞や演出で人気を呼んだ。

『ミュージカル「テニスの王子様」』　一九九九〜二〇〇八年にかけて『少年ジャンプ』（集英社）で連載された少年マンガ『テニスの王子様』（原作＝許斐剛）を元にしたミュージカル。通称テニミュ。二〇〇三年からはじまり、今も若い女性から圧倒的な支持を受けている。

【や】

『夕やけニャンニャン』　一九八五〜八七年にかけてフジテレビ系で放送されたバラエティ番組。「アイドルを探せ」というコーナーからはおニャン子クラブが輩出された。

【A】

『ASAYAN』　一九九五〜二〇〇二年にかけてテレビ東京系で放送されたバラエティ番組。番組内オーディションで、小室哲哉やつんく♂などのプロデュースで鈴木亜美やモーニング娘。を輩出した。

『M－1グランプリ』　二〇〇一〜一〇年まで、吉本興業主催・テレビ朝日系で放送された漫才コンテスト。プロアマ問わず結成一〇年以内のみを応募資格とし、若手の登竜門として注目を集めた。

『SR サイタマノラッパー』 二〇〇九年に公開された日本映画（監督＝入江悠）。埼玉県でラッパーを目指す青年たちの青春群像を描いた作品。

▼用語（サービス・その他）

【あ】

秋葉原連続殺傷事件 二〇〇八年に東京・秋葉原で起きた通り魔殺人事件。元自動車工場派遣社員である加藤智大が歩行者天国にトラックで乗り込み、ダガーナイフで周囲を襲った。七名死亡、一〇名重軽傷。

アキバ系 東京・秋葉原で流行するオタク文化や、そこに集う人々のファッションや行動を指す言葉。

アマゾン（Amazon） 一九九四年にジェフ・ベゾスによって設立されたアメリカの通販サイト。通販専門の書店としてはじまったが、現在はCD、電子機器、生活雑貨まで幅広く取り扱っている。また二〇〇七年より販売をはじめた電子書籍端末キンドル（Kindle）で、電子書籍市場の開拓も進めている。

アメリカ大統領選挙（二〇〇八年） 民主党バラク・オバマと共和党ジョン・マケインが対決。インターネットやソーシャルメディアを活用したオバマが大勝し、第四四代大統領となった。

アラブの春 二〇一〇年一二月に北アフリカ・チュニジアで起こった民衆蜂起による革命で、国花の名からジャスミン革命と呼ばれる。一青年の国家に対する抗議の焼身自殺から端を発し、その現場がツイッターやフェイスブックで共有され、ストライキや抗議デモへ広まったことから「ツイッター革命」「フェイスブック革命」とも呼ばれる。

ウィキペディア（Wikipedia） 不特定多数のユーザーが無料で自由に閲覧・書き込み・修正できる、インターネット上の百科事典。二〇〇一年にアメリカのジミー・ウェールズが個人のプロジェクトとして開始。現在は非営利団体のウィキペディア財団によって運営され、全世界二〇〇以上の言語でプロジェクトが進んでいる。

ヴィジュアル系（V系） ロックバンドの様式の一つで、派手な化粧や髪形などを特徴とする。代表的なバンドにX JAPANやLUNA SEAなどがある。

失われた二〇年 一九九一年のバブル崩壊以降、デフレや不良債権、世界的な金融恐慌の影響などによって、日本経済が低迷してきた期間を指す言葉。経済白書でも使われるなど、この二〇年を指す言葉として定着している。

裏原宿　一九九〇年代半ばより、原宿駅前の竹下通りから少し離れた「原宿通り」「渋谷川遊歩道（キャットストリート）」といった、テナント料の安い一帯に新興のブランド店舗が密集し、独自の文化を生んだ。この一帯を裏原宿と呼び、そこで人気のブランドは「裏原系」と呼ばれ全国的なブームを巻き起こした。

オペレーティング・システム（OS）　入出力やプログラムの実行など、コンピュータの制御全体を管理するシステム。

音ゲー（音楽ゲーム）　リズムや音楽に合わせて、プレイヤーがアクションをとることで進行するゲームの総称。

【か】

カイゼン・カンバン方式　ともにトヨタ自動車の生産方式の特徴を示す概念。「カイゼン（改善）」は主に製造業の現場で行われるボトムアップの作業の見直しを指し、「カンバン方式」は必要な時に必要な量だけ生産する工程管理手法を指す。こうした集団主義的な生産様式は、日本のものづくりの強さの源泉と言われ、一九八〇年代に注目された。

ガラパゴス化　国際標準からかけ離れて発展した、日本独自の製品やサービスを批判的に表現した言葉。大陸から孤立した環境で独自の進化をとげたガラパゴス諸島の生態系になぞらえている。iモードやワンセグなど日本独自に多機能化した携帯電話を「ガラケー（ガラパゴスケータイ）」と呼ぶことが典型例として知られる。

グーグル（Google）　一九九八年にラリー・ペイジとセルゲイ・ブリンによって設立されたインターネット企業、及びインターネットのコンテンツ検索サービスの総称。検索の他に動画投稿サイト・ユーチューブやメールサービス・ジーメール（Gmail）など、幅広いサービスを提供している。

グーグルプラス（Google+／ぐぐたす）　二〇一一年に公開された、グーグルの提供するＳＮＳ。メッセージをやりとりしたり、写真や動画やウェブ上のコンテンツを共有できる。

クール・ジャパン　主に漫画、アニメ、ゲームといったオタク文化や渋谷原宿の若者文化など、日本独自のポップカルチャーが海外で評価されている現象、及びそこで扱われるコンテンツの総称。二〇一〇年六月に経済産業省が日本文化の輸出や人材育成を促進する「クール・ジャパン室」を設立したことで知られるようになった。ただし実際のカルチャー製作や批評の現場では、日本政府によるトップダウンの産業政策である面や文化ナショナリズム的な面への警戒感も根強い。

ケータイ小説　携帯電話を使用して執筆・閲覧される小説の総称。携帯電話向けのウェブサービス「魔法のiらんど」で広がり、『Deep Love』(原作=Yoshi)や『恋空』(原作=美嘉)など多くのヒット作を生んだ。

ゲーミフィケーション　ゲームの考え方やインターフェース、動機付けの方法論などを、ゲーム以外の実用的な活動やサービスに利用すること。言葉そのものは二〇一〇年頃からアメリカで使われはじめ、二〇一一年にIT分野のトレンドに影響力を持つ調査会社ガートナー社が取り上げたことで広く知られるようになった。その応用分野は、企業の組織マネジメント、マーケティング、健康・フィットネス、教育、社会貢献活動など多岐に渡る。食べログやAKB48といったサービスや現象もまた、一種のゲーミフィケーションと言える動きである。

ゴールデン街　東京都新宿区歌舞伎町にある飲食店街。第二次世界大戦直後に建てられた木造長屋の店舗が、狭い路地に立ち並ぶ。その全盛期には作家やジャーナリスト、編集者などが文壇バーに集まった。

コスチュームプレイ(コスプレ)　漫画・アニメ・ゲームなどのキャラクターの衣装やヘアスタイルをまねて変装すること。

コミックマーケット(コミケ)　一九七五年より開催されている、同人誌即売会。八月と一二月の年二回、東京ビッグサイトで開催され、三日間で五〇万人ほどを動員する巨大イベント。同人誌即売会以外にも、アニメのキャラに扮するコスプレやメディア関連企業のPRブースなどさまざまな催しが行われている。

【さ】

サンフランシスコ体制　一九五一年九月、第二次世界大戦を終結させるため、日本と連合国(ソ連・ポーランド・チェコスロバキアを除く連合国四八カ国)とのあいだで結ばれた「サンフランシスコ講和条約」以後の体制。日本の主権回復、朝鮮の独立、沖縄・小笠原のアメリカによる信託統治、海外領土・海外資産の放棄などを締結した。日本の帝国主義的歴史の清算と共に、冷戦が激化するなかで日本が西側陣営の一員となることを意味するものであった。

集合知　主にインターネット上で、大勢の人々が意見を交わしながら、情報やアイデアをブラッシュアップしていくこと。代表的なサービスに、ウィキペディアやリナックスなどがある。

聖地巡礼　主にアニメの背景画のロケ地となった場所を探し当て、実際にその土地へと足を運ぶ行為。そこでオタクたちはアニメの世界に半歩踏み込んだような感覚に陥る。

ソーシャルメディア　インターネットを通じて個人間のコミュニケーションを促進するサービスの総称。

【た】

第三次アニメブーム　一九九五年にテレビ放送された『新世紀エヴァンゲリオン』のヒットから現在に至るまでを指す言葉。第一次アニメブームは一九六三年よりテレビ放送された『鉄腕アトム』以降を指し、第二次アニメブームは一九七〇年代後半より公開された『宇宙戦艦ヤマト』『機動戦士ガンダム』以降を指すことが多い。

食べログ　二〇〇五年にカカクコムが開設したグルメサイト。ユーザーが投稿するクチコミや五段階評価のレビューを元に、全国の飲食店を探すことができる。「ぐるなび」「ホットペッパー」は飲食店側が主体となった情報発信であるのに対し、お客であるユーザーの寄せる情報によって成立していることが「食べログ」最大の特徴である。

地下鉄サリン事件　一九九五年に東京で起きた無差別殺人事件。地下鉄に猛毒のサリンが散布され、一三名が死亡、五〇〇〇名以上の被害者が出た。

ツイッター（twitter）　二〇〇六年よりアメリカのツイッター社から提供されているウェブサービス。一四〇字以内のメッセージを書き込み、閲覧できる。二〇〇八年より日本版も提供され、その即時性と日常性から人気を博す。個人だけでなく企業や政府の広報活動まで多彩な広がりをみせている。

動画共有サイト　インターネット上で音声付き動画を投稿・閲覧できるサービスまたはウェブサイトの総称。

特撮　特殊撮影の略。映画やテレビなどで特殊な装置や技法を駆使して、実際には不可能なことや特殊効果を表す技法。代表的な特撮シリーズに『ゴジラ』『ウルトラマン』などがあり、今も多くの関連作品を生んでいる。

特撮博物館　二〇一二年七月から一〇月にかけて東京都現代美術館で開催された企画展（正式名は「館長　庵野秀明　特撮博物館」）。監督・庵野秀明が「館長」となり、日本の特撮のミニチュアやデザイン画などのさまざまな資料約五〇〇点を展示した。来場者は二九万一五七五人にのぼり、同館の美術展として歴代三位の来場者を記録した。

匿名掲示板　「2ちゃんねる」に代表される、投稿の多くが匿名で行われる電子掲示板（BBS）の総称。

【な】

ニコニコ超会議　二〇一二年四月二八日〜二九日に開催された、ドワンゴ主催のニコニコ動画ライブイベント。「ニコニコ動画のすべて（だいたい）を地上に再現する」ことをコンセプトに幕張メッセで開催。二日間で九万人以上が来場し、公式生放送の視聴者は三四七万人にのぼった。二〇一三年に二回目の開催が予定されている。

ニコニコ動画　ドワンゴが二〇〇六年に設立し、系列会社ニワンゴによって運営されている動画投稿サイト。投稿された動画に対し、視聴者のコメントが字幕のように画面上に流れる双方向的な仕様を特徴とする。独特のコミュニケーションやN次創作を生成する場として発展。匿名掲示板「2ちゃんねる」にも通じる、日本独特のネットカルチャーとして定着している。二〇〇七年からは派生サービスとして「ニコニコ生放送」を開始している。

二次創作　原作となる小説やアニメ、マンガの登場人物や設定を基に、二次的に創作された作品の総称。主に同人誌の分野で、一九九〇年代から使われはじめた。なかには二次創作から三次・四次・五次と連鎖的に派生関係が伸びていくものもあり、その現象を濱野智史は「N次創作」と名づけている。

2ちゃんねる　日本最大の匿名掲示板サイト。一九九九年、西村博之開設。時事ニュースから社会・文化・生活など、さまざまな分野にわたる掲示板で構成される。

ニューエイジ思想　人間の意識や心を変革し、「あたらしい時代」をもたらそうとする神秘主義的な思想。科学や近代物質文明を批判し、東洋思想や超常現象、霊的な存在を称揚し、精神世界と宇宙との合一を目指す。ヒッピーカルチャー同様、一九六〇年代のカウンターカルチャーの一潮流として西海岸を中心に拡大した。

【は】

ハクティビズム　インターネット上のサイバー攻撃を通じて、政治的・社会的な主張や抗議をすること。高い技術を持つエンジニアが合理的にプログラミングを施す「ハック」と、積極的な政治行動主義である「アクティビズム」からの造語。現代では国際的匿名集団「アノニマス」や、ジュリアン・アサンジ率いる「ウィキリークス」などが知られる。

初音ミク　クリプトン・フューチャー・メディアが、音声合成技術ボーカロイドを応用して二〇〇七年に発売したソフトウェアの製品名／キャラクターの総称。メロディと歌詞を入力することで、声優の藤田咲からサンプリングされた女声ボーカルやコーラスを作成することができる。

ピクシブ（pixiv） 二〇〇七年に開設された、ピクシブ株式会社運営のイラスト投稿型SNS。自作イラストの公開や、他人のイラストへコメントをつけることでコミュニケーションをはかるサイト。

ヒッピーカルチャー 既存の体制や慣習に反対し、愛と平和と自由な生き方を謳った文化運動。一九六〇年代のベトナム反戦運動と呼応するかたちで、アメリカ西海岸の若者やミュージシャンを中心に広がった。

フェイク・ドキュメンタリー 現実と虚構を交錯させるような映像を放送する映画やテレビ番組の総称。

フェイスブック（facebook） 二〇〇四年にマーク・ザッカーバーグによって設立された、世界最大の交流サイト（SNS）。当初は学生のみの参加だったが、二〇〇六年以降は一般にも開放され、二〇〇八年には日本語版も開設された。

フェス（音楽フェスティバル） 主に野外で大規模に開催されるコンサートの総称。日本では「フジロック・フェスティバル」「朝霧JAM」などが知られている。

ボーイズラブ 男性の同性愛を題材とした小説やマンガのジャンル。BLと略されることが多い。

ボーカロイド（VOCALOID） ヤマハが開発した音声合成技術、及び「初音ミク」に代表される応用製品の総称。メロディと歌詞を入力することでキャラクターが歌をシミュレートしてくれる。

【ま】

マッシュアップ 複数の曲を合成して一つの曲をつくること。あるいはインターネット上で複数のサービスを組み合わせて、新しいサービスを提供すること。

魔法のⅰらんど 一九九九年に開始された、携帯電話向けの無料HPサービス。利用者が自作小説を投稿するブームが起こり、ケータイ小説ブームへとつながった。

ミクシィ（mixi） 二〇〇四年にサービスを開始した、日本最大のSNS。当初は会員からの招待を必要とし、現実の人間関係を反映しやすい仕組みとなっていた。

モータリゼーション 自動車が普及し、一般の生活必需品になること。アメリカでは一九一〇年代のT型フォードの量産化から、日本では一九六〇年代の高度成長期における自家用自動車の普及から、急速な自動車化が進んだ。

【や】

ユーチューブ（YouTube） 二〇〇五年にチャド・ハーリーとスティーブ・チェンの設立した動画共有サービス。

百合 女性の同性愛を題材とした小説やマンガのジャンル。ガールズラブとも称される。

【ら】

ライン（LINE） 韓国最大手のインターネットサービス会社NHNの日本法人NHNジャパンが開発した、スマートフォン、ガラケー、パソコン対応の無料通話・インスタントメッセンジャーサービス。インストールして携帯電話番号を入力するだけで、自動的に電話帳などの連絡先情報を読み込んで「友だち」が表示され、インターネット上で一体一のメッセンジャー機能や音声通話、複数人でのグループトーク機能などを利用できる。その手軽さから爆発的にユーザー数を伸ばしている（二〇一三年一月時点で一億人突破）。

リナックス（Linux） インターネットで無料配布され、開発改良に世界中の技術者が自由に参加しているOSの一種。

リミテッドアニメ リミテッドアニメーションの略。実写に近い滑らかな動きを目指す「フルアニメ」に対し、極力セル画枚数や作業工程を削減してコストを圧縮するためのアニメーション表現の手法。日本では『鉄腕アトム』アニメ化の際に採り入れ、のちに「ジャパニメーション」とも呼ばれる日本アニメの隆盛につながった。

【A】

ECサイト エレクトロニック・コマース・サイト（electronic commerce site）の略。インターネット上で商品を販売するウェブサイトの総称で、代表的なものにアマゾンや楽天などがある。

MAD動画 「狂った」「馬鹿げている」などを意味する「Mad」から派生した、日本特有の映像作品につけられた言葉。既存のアニメやゲームなどの動画・音声を再編集したもの。あらたな意味や文脈がつくられることが多く、ニコニコ動画やユーチューブなどの動画投稿サイトで共有される。

RPG ロール・プレイング・ゲーム（Role Playing Game）の略称。プレイヤーがゲームの主人公となり活躍するジャンル。代表的なゲームに『ドラゴンクエスト』『ファイナルファンタジー』など。

初出

論点5は『ダ・ヴィンチ』（メディアファクトリー）2012年5・9・10月号掲載「SHOW MUST GO ON」（第1・5・6回）より、大幅に加筆修正。

ちくま新書
1001

日本文化《にほんぶんか》の論点《ろんてん》

二〇一三年三月一〇日　第一刷発行

著者　宇野常寛（うの・つねひろ）
発行者　熊沢敏之
発行所　株式会社筑摩書房
東京都台東区蔵前二-五-三　郵便番号一一一-八七五五
振替〇〇一六〇-八-四一二三
装幀者　間村俊一
印刷・製本　株式会社精興社

乱丁・落丁本の場合は、左記宛にご送付下さい。
送料小社負担でお取り替えいたします。
ご注文・お問い合わせも左記へお願いいたします。
〒三三一-八五〇七　さいたま市北区櫛引町二-六〇四
筑摩書房サービスセンター　電話〇四八-六五一-〇〇五三

ISBN978-4-480-06713-5 C0295

ちくま新書